絵と文章でわかりやすい!

図解雑学「スポーツの科学」

スポーツインキュベーションシステム＝著

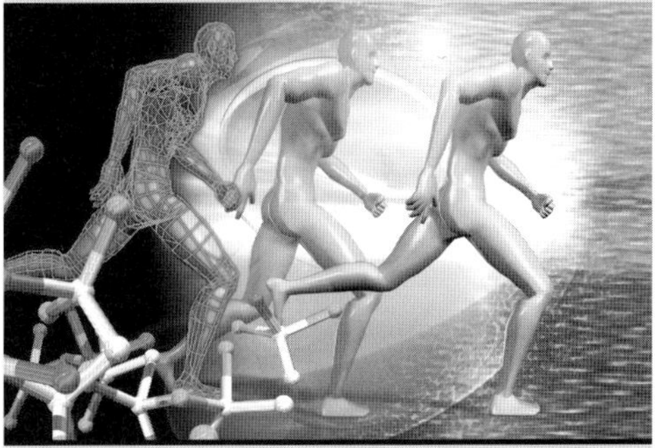

ナツメ社

はじめに

この本を手に取ったみなさんは、現在スポーツをしていたり、何らかの形でスポーツに関わっていたりして、スポーツ科学に興味を持った人かもしれません。もしかすると、これからスポーツをしてみたい、スポーツは苦手だけれどスポーツ科学には興味があるという人もいるかもしれません。何を隠そう、この本を書いているメンバーの中にさえ、スポーツをすることは苦手で、以前は嫌いだったと言う人物もいるのです。しかし、スポーツ科学と出会うことでそれが変化した人たちがたくさんいます。

スポーツ科学という言葉が一般的にも知られるようになった今、日本でも大学・大学院・専門学校などスポーツ科学を学べる場所は増えつつあります。しかし、学校以外でスポーツ科学を学ぼうとすれば、本などを購入しての独学しかほとんど方法はないでしょう。しかも、この本のようにスポーツ科学を分野間横断的に見つめたものは、いまだ多くはありません。そうした中でこの本を執筆するというのは、ある意味今後のスポーツ界の発展を願った挑戦かもしれません。

執筆にあたった私たち「NPO法人スポーツインキュベーションシステム」とは、その名の通り日本スポーツ界のインキュベーション（育成）を行なっていこうという目的のもと、様々な立場からスポーツに関わる人たちが集まった組織です。そう考えるとこの本を執筆する機会を頂いたことは、偶然でも運命に感じられます。

スポーツで能力を向上させたいときに必要なこと、それは「よく知ること」につきます。スポーツをしている時、体はどんな動きをしているのか、体内で何が起こっているのか、心はどういう変化をしているのかを知ることで、それを参考にして自分の種目・目的に合わせたオリジナルの競技力向上法を考えることが出来ていきます。「うまくいかなかったなぁ」と思ったときは気持ちの上で反省するだけではなく、その時の自分がどんなトレーニングをしていたのか、どんなものを食べたのか、どんな気持ちでいたのか、どんな環境だったのか、まで考えて、「うまくいった」時と比較してみるのです。こうやって自分を良く知ることで、能力は向上させていけるのです。

また私たちは、スポーツへの関わり方の新しい選択肢として「支えるスポーツ」を目指す皆さんも応援しています。スポーツを実施する上で大切なポジションであるはずなのに、多くの苦労が待ち受けているのがこのポジションです。スポーツを「する」側も「みる」側も「支える」側も、一丸となって向かい合わなければ今のスポーツ界の問題点は改善できません。そのための第一歩として、この本を執筆できたことを非常に感謝しています。

この本がスポーツ界へ新しい波を起こす一矢になれば、と強く願っています。

2002年8月

NPO法人スポーツインキュベーションシステム代表理事

河野理愛

CONTENTS

第3章　スポーツと脳・神経

第4章　スポーツとエネルギー

第5章　基本動作の分析

第6章　スポーツ動作の分析

第7章　スポーツを楽しむ

第1章

スポーツと科学

スポーツの定義

体を動かして楽しむこと

人間が生きていくためには、体を動かさなければならない。

体を動かす（身体運動《しんたいうんどう》）とは、体の位置や姿勢《しせい》が時間とともに変化すること、と定義できる。立ち上がる、歩く、食べるといった日常活動はすべて身体運動によってなりたっているのだ。

こうした身体運動は、生命を保つための活動と、楽しむための活動に分けることができる。生命を保つための活動とは、主に食物を得て食べるための活動で、仕事をすることも含まれる。楽しむための活動とは、芸術活動《げいじゅつかつどう》やスポーツなど、生命活動を保つためには必ずしも必要ではないが、豊かな生活をおくるには欠かせない活動で「文化活《ぶんかかつ》動《どう》」ということもできる（ただし、芸術活動を仕事にしたり、仕事を楽しみにしたりなど完全に区分できない活動も多い）。

スポーツとは楽しむための活動のうち、「体を動かすことで楽しみを得るのが目的の活動」といえるだろう。日本ではスポーツ＝体育（教育）というイメージが強いため、競争するものや体を鍛《きた》えるためのものという考えが根強いが、それだけではない。スポーツの振興《しんこう》を目的とした日本の法律「スポーツ振興法」でも第１章第2条で、

> この法律において「スポーツ」とは、運動競技及び身体運動（キャンプ活動その他の野外活動を含む。）であつて、心身の健全な発達を図るためにされるものをいう。

としている。なお、こうした観点から文部科学省《もんぶかがくしょう》によって行なわれているスポーツ振興策が「生涯《しょうがい》スポーツ」であり、年齢や性別に関係なく健康や楽しみのためにスポーツを行なうことを目的にしている。

スポーツの中でも競争や記録を出す目的が強いものを「競技スポーツ」ということもある。

スポーツとは何か

身体活動の区分

人間の身体活動《しんたいかつどう》は「生きるための活動」と「楽しむための活動」に分けることができる。

- **人間の活動**
  - **生きるための活動**
    - ものを食べる
    - 仕事をする
    - ⋮
    - など
  - **楽しむための活動**
    - 芸術活動
    - スポーツ
      - 楽しむためのスポーツ
      - 健康のためのスポーツ
      - 競技スポーツ

- スポーツは「体を動かすことで楽しみを得る」活動といえる。

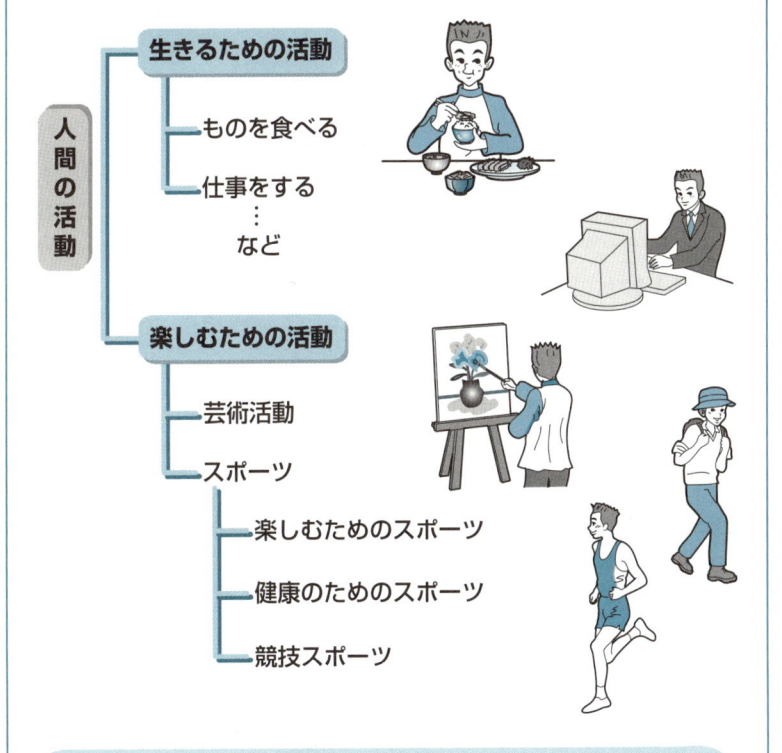

体力

精神的要素と身体的要素

前項では、人間の活動のうち体を動かして楽しみを得る活動がスポーツであると説明した。では、体を動かす能力とはどんなものだろう。

人間が生きていくために必要な身体能力《しんたいのうりょく》を「体力《たいりょく》」という。体力というと筋力や持久力をあらわすものと考えがちだが、それだけではない。

体力は右の図のように、精神的な強さをあらわす「精神的要素《せいしんてきようそ》」と肉体的な強さをあらわす「身体的要素《しんたいてきようそ》」に分けられる。さらに、精神的要素、身体的要素は、外部の環境から体を守るための「防衛体力《ぼうえいたいりょく》」と、体を動かすための「行動体力《こうどうたいりょく》」に分けることができる。

精神的要素の防衛体力は精神的ストレスに対する抵抗力などであり、行動体力は意志、判断、意欲などだ。身体的要素の防衛体力は、器官組織《きかんそしき》の構造である「形態《けいたい》」と、適応能力《てきおうのうりょく》、体温調節《たいおんちょうせつ》、免疫力《めんえきりょく》など身体的ストレスに対抗する抵抗力「機能《きのう》」に分けられる。

スポーツに関連が深いのは身体的要素の行動体力で、これも「形態」と「機能」に分けられる。「体力測定」で調べられるのもこの能力だ。形態は、体格、体型、姿勢《しせい》など、体の大きさやかたちのことである。

機能は体を動かしたときの能力で、「筋力《きんりょく》（体を動かすための筋《きん》の力）」「敏捷性《びんしょうせい》（素早い行動を行なう能力）」「瞬発力《しゅんぱつりょく》（瞬間的《しゅんかんてき》に発揮《はっき》される力）」「持久性《じきゅうせい》（行動を維持《いじ》する能力）」「平衡性《へいこうせい》（体の姿勢《しせい》を維持する能力）」「柔軟性《じゅうなんせい》（体の柔らかさ。行動を円滑《えんかつ》に行なうための能力）」などがある。

スポーツのために必要な体力というと身体的要素の行動体力ばかり考えがちだが、それだけではない。精神的要素と身体的要素、防衛体力と行動体力がそろっていなければならないのだ。

体力とは

人間が生きていくために必要な身体能力を「体力」という。

体力《たいりょく》

- **精神的要素《せいしんてきようそ》**
  - **防衛体力《ぼうえいたいりょく》**
    精神的ストレスに対する抵抗力
  - **行動体力《こうどうたいりょく》**
    意志・判断・意欲など
- **身体的要素《しんたいてきようそ》**
  - **防衛体力**
    - **形態《けいたい》**
      器官《きかん》・組織《そしき》の構造
    - **機能《きのう》**
      体温調節《たいおんちょうせつ》・免疫《めんえき》・適応能力《てきおうのうりょく》など
  - **行動体力**
    - **形態**
      体格《たいかく》・体型《たいけい》・姿勢《しせい》など
    - **機能**
      筋力《きんりょく》・敏捷性《びんしょうせい》・瞬発力《しゅんぱつりょく》・持久性《じきゅうせい》・平衡性《へいこうせい》・柔軟性《じゅうなんせい》など

スポーツに必要な能力

日常生活とスポーツの違い

前項では生きていくための身体能力《しんたいのうりょく》である体力《たいりょく》について説明した。では、スポーツに必要な能力とは、どんなものだろうか。また、日常生活に必要な能力とどう違うのだろうか。

スポーツで行なわれる動作《どうさ》は、日常的な身体動作の延長にある。走る、跳ぶ、持ち上げる、泳ぐ、投げるといった動作は、スポーツが生まれる前から行なわれてきたものだ。同様に、スポーツに必要な体力も日常生活に必要な体力と特別な違いはない。

必要な能力という点からスポーツと日常生活をくらべると、次のような特徴がある。

①体力を限界まで使う。たとえば陸上競技では走る、跳ぶ、投げる、といった動作を行なう体力がどれだけあるか、そうした動作がうまくできるか（技術があるか）が重要である。

②日常生活ではあまり行なわない身体動作を多用する。たとえば投げる、打つ、蹴るといった動作は日常生活ではほとんど行なわれないが、球技では基本動作として多用され、目的にあわせて洗練されている。

③競技に必要な道具を使いこなし、日常とは違う環境の中で体力を使う。こうした競技の中には、もともと遊びや実用のために使われていた道具や技術を競技として洗練したものもあり、スキーやスケートなどのウィンタースポーツ、自転車、ヨット、さらにはモータースポーツなどがある。こうした競技を行なうためには、まず基本動作を身につける（スキーをはいて滑《すべ》る、自転車に乗るなど）ためにかなりの訓練が必要だ。また、競技に使われる道具のよしあし、道具やスポーツが行なわれる環境に対する知識が競技成績に与える影響が大きい。

次項では、必要な能力という点から、スポーツ競技をみてみよう。

スポーツと身体活動

スポーツと日常生活の違い

スポーツを日常生活で行なわれる動作とくらべると、次のような違いがある。

① 日常生活より激しい身体活動である。

② 日常生活ではあまり行なわれない動作を多用する。

③ 道具を使い、日常とは違う環境で身体活動を行なう。

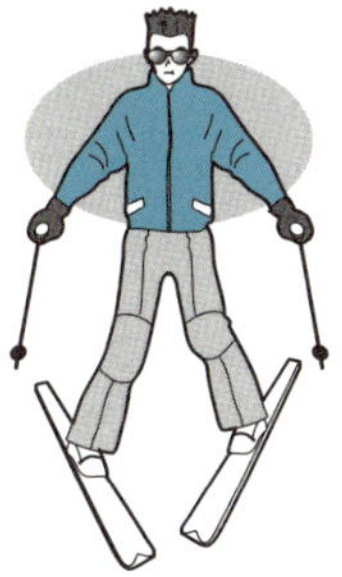

能力とスポーツ競技

似ている競技でも必要な体力は異なる

現在、一般的に行なわれている競技スポーツは「陸上競技《りくじょうきょうぎ》」「水泳《すいえい》」「球技《きゅうぎ》」「格闘技《かくとうぎ》」などに、大きく分けることができる。では、こうしたスポーツを行なうには、どのような能力が必要になるのだろうか。

陸上競技や水泳で必要となる能力は、前項で①として区分した、体《たい》力《りょく》を限界まで使うことだ。ただし、陸上競技でも種目によって求められる体力はまったく異なり、たとえば同じ走る競技でも、短距離走《たんきょりそう》では瞬発力《しゅんぱつりょく》が必要となるが、マラソンでは持久力《じきゅうりょく》が必要となる。また同じ投げる競技でも、投げる物体の重さやかたちによって槍投《やりな》げと砲《ほう》丸投《がんな》げでは求められる筋力《きんりょく》、技術が異なる。

球技では、体力に加えて、②として区分した個々の動作《どうさ》をうまく行なえる能力、状況に合わせて必要な動作を選択する能力が必要となる。また、体力という点でも、競技によって求められる能力が異なり、試合が長時間に及ぶサッカーやラグビーでは瞬発力に加え、試合の後半でも正確なプレーができる持久力が必要となるが、野球では持久力は重要ではないポジションも多い。ゴルフでは、一回のスイングをうまく行なう技術があれば、筋力の強弱や持久力がすぐれていなくてもよい成果を出すことが可能だ。

格闘技でも、競技によって技術だけでなく、求められる体力にも違いがある。相撲とレスリングをくらべた場合レスリングの競技時間のほうがはるかに長いため、持久力が必要となる。またレスリングや柔道では相手と組み合うための筋力が必要だが、ボクシングではそうした筋力は必要ではない。

このように、似ていると思われる競技でも、種目によって求められる能力は異なる。

スポーツと体力

スポーツの分類

●陸上競技・水泳

激しい運動で、時間、距離などの記録を競う。

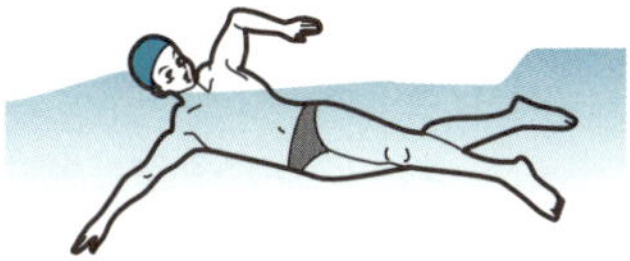

●球技

ボールをコントロールして得点を競う。

集団競技では、個々の動作に加え、状況を判断して行動する能力が重要になる。

●格闘技

ルールに従って、相手を倒す。

体力だけでなく、対戦相手の行動に対応する能力が重要になる。

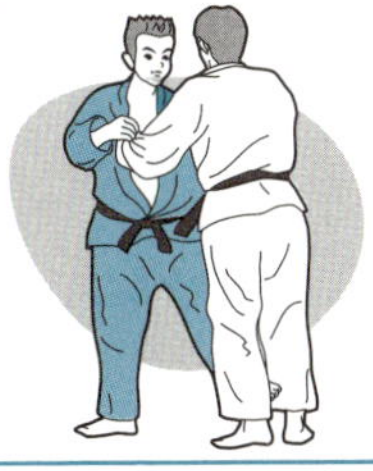

ポジション

ポジションによって必要な能力

前項で「陸上《りくじょう》」「球技《きゅうぎ》」と分類されても、競技によって必要な身体《しんたい》能力《のうりょく》は異なることを説明した。さらに、球技のように集団で行なわれる競技では、ポジションによっても求められる能力に違いがでてくる。

こうした違いが最も顕著《けんちょ》な競技としては、アメリカンフットボールがあげられる。アメリカンフットボールでは、センター、ガード、タックルというポジションをまとめてラインとよぶが、このポジションの選手は原則としてボールには触れない。このポジションの役割は相手側の選手にタックルして、ボールを持った味方の選手の通り道をつくることである。このため、このポジションでは相手とぶつかって負けないための強靭《きょうじん》な体格とスピードが必要となる。一方、レシーバーとよばれるフランカー、スプリットエンドのポジションでは味方のパスをキャッチするのがおもな役割になる。このため、このポジションの選手は、ボールをキャッチしやすい位置を素早く把握《はあく》し移動する能力と、速く走って相手をかわす能力が必要となる。

またサッカーやラクロス、ハンドボールなどでは、フォワードの選手は、より強く速いシュートをする能力とボールを得やすい位置を読む空間《くうかん》把握《はあく》能力《のうりょく》が必要となる。しかし、中盤《ちゅうばん》に位置する選手は相手ゴール付近にまで攻めることも自陣《じじん》のゴール付近でディフェンスに勤めるときもあり運動量が多くなるため、持久力《じきゅうりょく》が必要となる。キーパーの場合、持久力はそれほど必要ではないが、自陣に攻めてきた相手選手の動きをとらえる能力と、飛んできたボールに素早く反応《はんのう》し、キャッチできる瞬発力《しゅんぱつりょく》が必要だ。

このように、ポジションによって求められる能力には違いがある。こうしたスポーツでは、能力に適したポジションを選ぶことも大切だ。

ポジションと能力

アメリカンフットボールの場合

アメリカンフットボールでは、攻撃(オフェンス)、守備(ディフェンス)ともに、ポジションによる役割分担がはっきりしている。

●オフェンス側インフォメーションの例

QB…クォーターバック
FB…フルバック
TB…テールバック

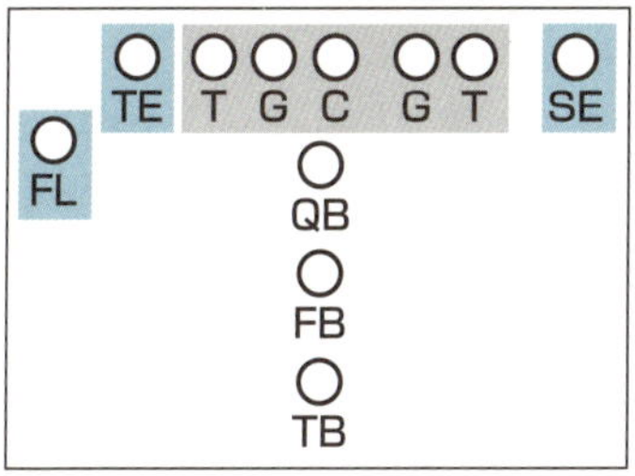

C…センター
G…ガード
T…タックル
}ライン

FL…フランカー
TE… タイトエンド
SE… スプリットエンド
}レシーバー

●ラインの選手

ディフェンス側の選手にタックルして、味方の通り道を作る。

➡ 体格とスピードにすぐれた選手。

●レシーバー

味方のパスをキャッチする。

➡ パスをキャッチする技術にすぐれた選手。

同じ競技の選手でも、ポジションによって必要な能力に違いがある。
自分に適したポジションを選ぶことも大切。

スポーツを科学する

スポーツ科学とは？

体を動かすことで、体の機能《きのう》が変化することは古代から知られており、運動と体の関係を医学的に調べることも行なわれてきた。

20世紀に入り、オリンピックや各種の競技大会が盛んになるにつれて、スポーツ競技で成果をあげるための条件を医学的側面から研究することも本格的になり、医学や生理学《せいりがく》のなかで特にスポーツと体の関係を調べる分野を「スポーツ科学」とよぶようになった。

現在では、「スポーツ科学」という言葉は、医学や生理学だけでなくスポーツにかかわる現象《げんしょう》を研究する学問の総称《そうしょう》となっている。このため、スポーツ科学に含まれる分野は「スポーツ哲学」「スポーツ教育学」「スポーツ社会学」「スポーツ経営学」など幅広い。

スポーツ科学の中でも、スポーツと体の関係を重点的に調べる分野として、運動時の身体機能の変化、運動による体の変化を研究する「運動生理学《うんどうせいりがく》」、スポーツで行なわれる動作《どうさ》を重力《じゅうりょく》や空気抵抗《くうきていこう》など外部の要因《よういん》も含めて力学的《りきがくてき》な観点から研究する「スポーツバイオメカニクス」、スポーツに影響する心理要因《しんりよういん》や心理的効果《しんりてきこうか》など、スポーツにかかわる心理学的な問題を研究する「スポーツ心理学」、スポーツによるけがや病気の治療と予防、スポーツによる健康の維持《いじ》などを研究する「スポーツ医学」、スポーツ競技やトレーニングで最高の成果をあげるための栄養状態を研究する「スポーツ栄養学」などがあげられる。

本書では2章～4章では運動生理学的な面を中心に、5～6章ではバイオメカニクスの面を中心としてスポーツを分析、説明しており、必要に応じてスポーツ栄養学やスポーツ医学に関する話題もとりあげている。7章では、スポーツを行なうときの注意や、スポーツの楽しみ方などについてスポーツ社会学の見方も含めて説明している。

スポーツ科学

スポーツを研究する学問を「スポーツ科学」と総称する。

スポーツ科学

- **運動生理学《うんどうせいりがく》**
  運動時の身体《しんたい》機能《きのう》の変化、運動の影響による器官《きかん》、組織《そしき》の変化を研究する。
- **スポーツバイオメカニクス**
  スポーツにおける身体運動を、重力や空気抵抗などの環境を含めて、力学的な観点から研究する。
- **スポーツ心理学**
  スポーツに影響する心理要因やスポーツの心理的な効果を研究する。
- **スポーツ医学**
  スポーツによるけがや障害、病気の治療と予防、スポーツによる健康の維持などを研究する。
- **スポーツ栄養学**
  スポーツやトレーニングに最適な栄養の摂取について研究する。
- **スポーツ哲学**
  スポーツを哲学的側面から研究する。
- **スポーツ社会学**
  スポーツにおける社会的な関係、社会現象としてのスポーツを社会学的側面から研究する。
- **スポーツマーケティング**
  スポーツクラブの運営、スポーツイベントの実施などをマーケティングの観点から研究する。
- **スポーツ教育学**
  スポーツの教育的な効果、スポーツの指導方法などについて研究する。

- 自然科学分野に限られず、幅広い分野に関連する学問である。

ニュースポーツとは

最近、生涯スポーツ推進活動の一つとして、地方自治体などの主催で「ニュースポーツ」の講習会が開かれるケースが増えてきた。では、ニュースポーツとはどんなスポーツだろう？

ニュースポーツとは、比較的新しく考え出されたスポーツ、歴史は古いがルールの整備が新しいスポーツ、ある国では盛んだが日本に紹介されたのが新しいスポーツ、もともとあったスポーツを改良してできたスポーツなどの総称だ。ただし、最近ではそうしたスポーツのうち、ルールが簡単ですぐに覚えられ、運動量が激しくなく体力がない人でも参加でき、勝負より楽しむことに主眼をおいたスポーツのことを指すようになっている。

ニュースポーツには、なじみのないものも多いかもしれない。ここからはコラムのコーナーを使って、代表的なニュースポーツを紹介していこう。

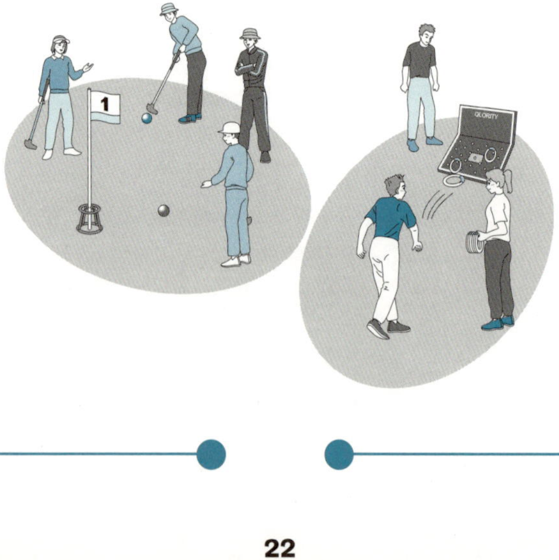

第2章

スポーツと骨・関節・筋

スポーツに必要な体の機能

骨・関節・筋

人間がスポーツを含めた動作を行なうために必要な体の機能を大きく分けると、①体をかたちづくり支持する「骨」と体を動かす動力《どうりょく》源《げん》となる「筋《きん》（筋肉《きんにく》）」②筋を動かすためのエネルギーを供給《きょうきゅう》するシステム③筋やエネルギー供給システムを制御《せいぎょ》する「脳《のう》・神経系《しんけいけい》」、となる。この章では、骨と筋、そして骨と骨とをつなぐ「関節《かんせつ》」についてみてみよう。

姿勢を維持《いじ》し、動作を行なうのは、骨と筋の共同作業だ。骨が力の方向を決め、筋が力の大きさを決める。動作とは、骨の位置が移動することだとも言える。

人間の骨格は約200個の骨からなり、体重の約20％を占めている。新生児《しんせいじ》の骨は約350個あるが、これは完全な骨に成長する前の状態のものもあるからだ。骨の役割については後でもくわしく説明するが、体の支柱《しちゅう》としての役割がある。骨を中心にして、その周囲を筋や靭帯《じんたい》、軟骨《なんこつ》、脂肪《しぼう》などが取り囲み、体をかたちづくっているのだ。また、骨は内部に脳や内臓を取り込み、外部の衝撃《しょうげき》から守る役割も果たしている。全身の骨格を分類すると、右の図のようになる。

骨と骨とをつないでいるのが「関節」だ。関節はばらばらに分かれた骨と骨をつなぎ固定すると同時に、自由に動けるようにしている。

人間の活動の動力源となっているのが、「筋」だ。筋は人間の体重の40％を占めており、人間の組織としては最も大きい。筋というと腕や足の筋（骨格筋《こっかくきん》）が思い浮かぶが、心臓（心筋《しんきん》）や消化器官《しょうかきかん》（平滑筋《へいかつきん》）の活動も筋によるものだ。

次の項では、骨、関節、筋のうち、まずは骨の構造と役割についてみてみよう。

骨格と関節

骨格

人間には約200個の骨があり、体をかたちづくっている。

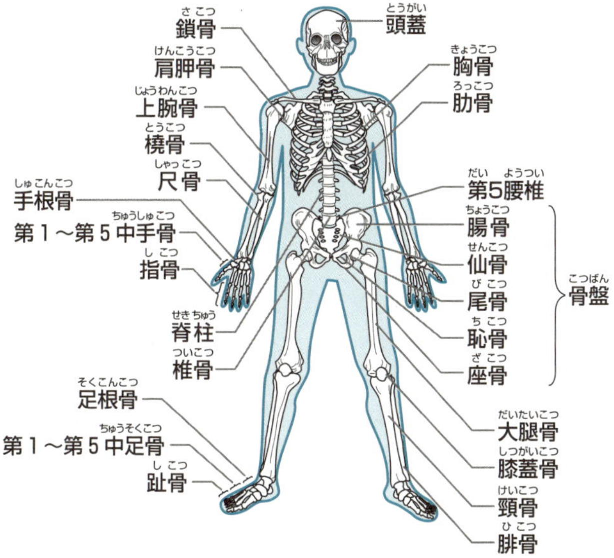

関節

関節《かんせつ》は骨と骨をつなぎ合わせると同時に、動けるようにしている。

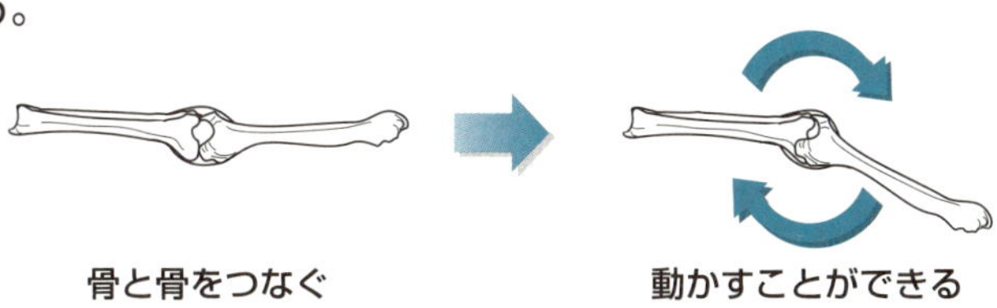

骨の構造と役割

体を支えるだけではない

骨は蛋白質《たんぱくしつ》であるコラーゲンなどの有機質《ゆうきしつ》に、カルシウムなどの無《む》機質《きしつ》が付着《ふちゃく》してできている。骨の組成成分《そせいせいぶん》は、カルシウムやリンを中心にマグネシウム、ナトリウムなど無機成分《むきせいぶん》が70％、コラーゲンなどの有機成分《ゆうきせいぶん》が30％となる。骨を丈夫にする食事というと、すぐさまカルシウムが思い浮かぶが、骨の基盤《きばん》を形成する蛋白質も大切だ。

骨の構造をみてみると、表面は骨を保護するとともに骨の発育の場所である「骨膜《こつまく》」で覆われている。その内側は、無機質の割合が多くて硬い「緻密質《ちみつしつ》（皮質骨《ひしつこつ》）」、さらにその内側は比較的柔らかい「海綿《かいめん》質《しつ》」からなっている。緻密質と海綿質をあわせて「骨質《こつしつ》」という。骨の中心部分は血液を製造する場所である「骨髄《こつずい》」である。

骨の細胞には「骨細胞《こつさいぼう》」「骨芽細胞《こつがさいぼう》」「破骨細胞《はこつさいぼう》」の三種類があり、破骨細胞と骨芽細胞は常に骨の吸収と生成を行なっている（28ページ）。

骨が人体に果たす役割には、おもに次の四つがある。

① 体を支え、運動の支点となる

重力に逆らって体を支え、立てるようにしている。また、筋《きん》の収《しゅう》縮《しゅく》によって骨が動くことで、物を持ち上げたりする運動ができる。

②脳や内臓を外部の障害から保護する

頭蓋骨《とうがいこつ》は脳、肋骨《ろっこつ》は内臓など柔らかい組織を外部から保護している。

③ 血液を製造する

血液は、骨の中心部分にある骨髄によってつくられる。なお、骨髄の造血機能《ぞうけつきのう》が衰えたときには、肝臓《かんぞう》や脾臓《ひぞう》で血液がつくられる。

④ 血液中のカルシウム量を一定に保つ

次項では、骨が血液にカルシウムを供給《きょうきゅう》するしくみと、骨の新陳《しんちん》代謝《たいしゃ》システムについてくわしくみてみよう。

骨の内部を見る

骨の構造

骨質《こつしつ》(緻密質《ちみつしつ》、海綿質《かいめんしつ》)が骨膜《こつまく》に覆われている。

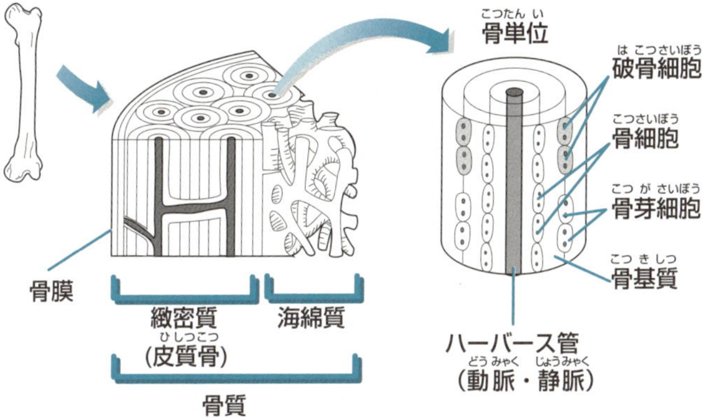

緻密質…骨単位がぎっしり並んでいて硬い。
海綿質…骨基質がまばらで、穴が空いている。

骨の役割

1. 体を支え、運動の支点となる。
2. 脳や内臓を保護する。
3. 血液を製造する。
4. 血液中のカルシウム量を保つ。

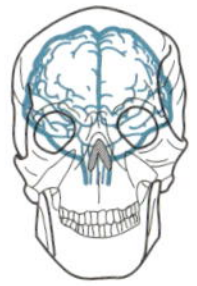

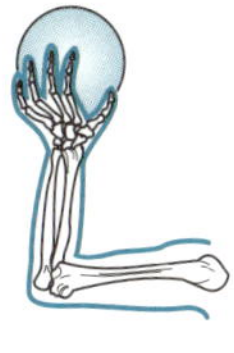

骨のリモデリング

骨はカルシウムの貯蔵庫

ここでは、前項でふれた骨の役割のうち、カルシウムの貯蔵庫《ちょぞうこ》という面についてくわしくみてみよう。

体内のカルシウムの約99％は骨や歯に蓄えられ、残りの1％は血液中に存在している。この血液中のカルシウムは、神経伝達《しんけいでんたつ》や筋収《きんしゅう》縮《しゅく》などに深く関わっている(40ページ)。

この血液中のカルシウムが足りなくなった時、骨を形成する細胞のうち、「破骨細胞《はこつさいぼう》」が骨を溶かし、血液にカルシウムを供給《きょうきゅう》する。これを「骨吸収《こつきゅうしゅう》」という。骨をつくる「骨芽細胞《こつがさいぼう》」は、骨にカルシウムをためこむはたらきをする。これを「骨形成《こつけいせい》」という。骨吸収と骨形成をくりかえすことで、血液中のカルシウム量は保たれている。

また、骨吸収と骨形成が連続して行なわれることで、骨は大人になっても約3～5ヶ月サイクルで生まれ変わっている。これを「骨のリモデリング」という。

骨吸収と骨形成のバランスが保たれていれば、骨には充分なカルシウムが蓄積され、骨の密度は一定に保たれる。ところが、骨に蓄えられるカルシウムより骨から出て行くカルシウムのほうが多くなると、骨の密度が不足しスカスカになってしまい、もろくなる。これが「骨《こつ》粗鬆症《そしょうしょう》」だ。骨粗鬆症は特に高齢者や女性に多い。

女性に骨粗鬆症が多いのは、閉経後に骨吸収を抑制するはたらきのある女性ホルモンの分泌がストップしてしまうためだ。また、過激な運動やダイエットにより生理が止まった女性も閉経後の女性と似た状態にあり、放っておくと骨が弱くなっていく。他に、妊娠や出産でカルシウムをたくさん消耗すること、男性にくらべて運動量が少ないこと、カルシウム摂取量《せっしゅりょう》が少ないことも、女性に骨粗鬆症が多い原因だ。

骨がカルシウムを蓄える

・体内のカルシウムの約99%は骨や歯、1%は血液に存在している。
・血液中のカルシウムは神経《しんけい》の伝達《でんたつ》、筋《きん》の収縮《しゅうしゅく》などに関わっている。

骨のリモデリング

●骨吸収《こつきゅうしゅう》

破《は》骨細胞《こつさいぼう》が古い骨を溶かし、血液にカルシウムを供給《きょうきゅう》する。

●骨形成《こつけいせい》

骨《こつ》芽《が》細胞《さいぼう》が新しい骨を形成することによって、骨にカルシウムが蓄えられる。

骨吸収と骨形成がくり返し行なわれることで、血液中のカルシウムが一定に保たれ、同時に骨が生まれ変わる。これを「骨のリモデリング」という。

骨《こつ》粗鬆症《そしょうしょう》

破骨細胞が骨を破壊しすぎたり、新しい骨が形成されない。
このため、骨がスカスカになってしまう。

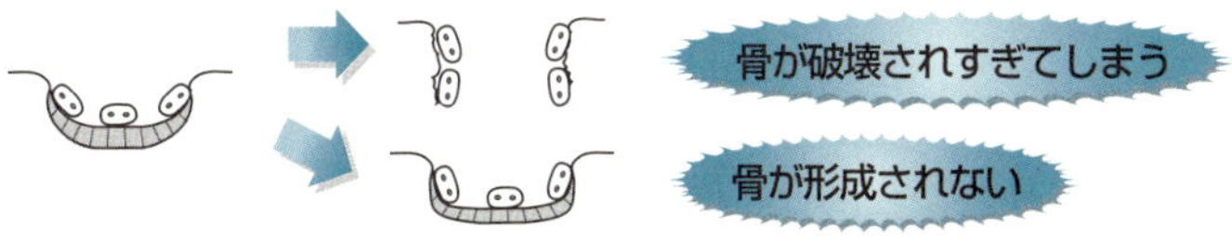

骨の成長

骨を丈夫にする運動

前項では、骨のリモデリングについて説明した。ここでは、骨の成長についてみてみよう。

骨の長さの成長は、骨端《こったん》（骨の端の部分）と骨幹《こっかん》（骨の中央部分）の間にある骨端軟骨《こったんなんこつ》というところで行なわれる。思春期に入って骨の長さの成長が止まると、骨端軟骨は骨化してなくなる。骨の太さの成長は、骨の表面を覆っている骨膜《こつまく》で行なわれる。骨折などの時にはここで骨細胞《こつさいぼう》が新しくつくられる。

成人して骨の長さの成長が止まった後も、骨のリモデリングは一生行なわれる。骨は適度な荷重《かじゅう》を受けることでリモデリングがうながされ、密度が高くなる。スポーツ選手では重量挙《じゅうりょうあ》げや柔道のように、大きな筋力《きんりょく》を必要とし、骨に大きな荷重が加わる種目ほど骨密度《こつみつど》が高い。逆に、長距離走《ちょうきょりそう》など持久系《じきゅうけい》の種目や水泳などの選手は骨密度が低い。持久的運動のやりすぎは、性ホルモンの分泌《ぶんぴつ》を低下させるため骨づくりにはマイナスとなる。水泳は、重力が軽減されて骨に重力負荷《じゅうりょくふか》がかからない状態で運動するため、骨の成長にはあまり効果がない。また、宇宙飛行士の骨密度が短期間で恐ろしく減少するのも、やはり重力負荷が全くかからない状態だからだ。

閉経以後の女性や高齢者が運動をする場合は、既に骨が弱いため過度の運動は骨折などにつながりやすい。ウォーキングのような衝撃《しょうげき》が強すぎない運動がよいだろう。また１日数時間は「立っている」ライフスタイルを心がけることで、骨の成長がうながされる。

骨を丈夫にするには、成長期に骨量《こつりょう》を増やしておくことが重要である。しかし、骨は一生つくられるので、歳をとってから骨づくりの運動やライフスタイルに取り組んでも全く遅くはないのだ。

骨が成長するしくみ

骨の成長

●長さの成長

骨の長さは、骨幹《こっかん》と骨端《こったん》の間にある「骨端軟骨《こったんなんこつ》」で行なわれる。

骨端軟骨に接した部分で、骨芽細胞《こつがさいぼう》がはたらく。

20歳前後で骨の成長が止まると、骨端軟骨は骨になる。

●太さの成長

骨の太さの成長は、骨表面の骨膜《こつまく》付近で行なわれる。

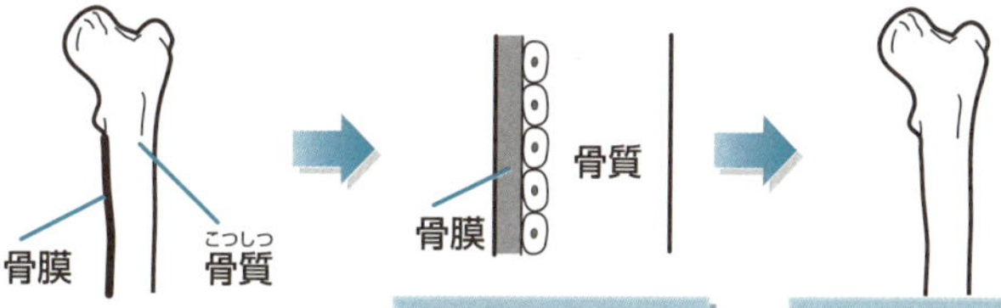

骨膜と骨質の間に骨芽細胞が集まりはたらく。

骨の太さの成長は年をとっても続く。

骨折の修復

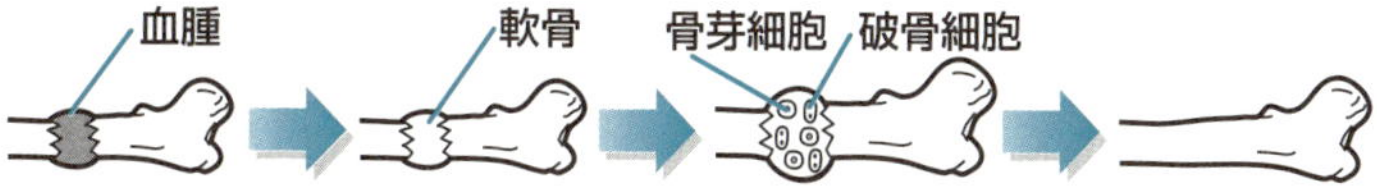

血腫《けっしゅ》(血の塊)によって折れた部分がふさがれる。

折れた部分が軟骨になる。

骨芽細胞と破骨《はこつ》細胞《さいぼう》によって、軟骨が骨化する。

修復される。

骨の結合

関節は身体運動の要

前項までででは、骨について説明した。ここからは、骨と骨を結びつける「関節《かんせつ》」についてみてみよう。

人間の体には、約200個の骨がある。もしこれが結びついていなければ、体を支持することはできない。しかし、完全にくっついてしまっていては、体を動かすことができなくなってしまう。

骨の結合は「不動関節《ふどうかんせつ》」と「可動関節《かどうかんせつ》」に分けることができる。不動関節は、骨と骨がすきまなく結びついた状態で、動かすことができない。たとえば、頭蓋骨《とうがいこつ》は複数の骨が結びついてできている。

可動関節は、骨と骨が関節をはさんで結びついた状態で、自由に動かすことができる。関節は右の図のように複数の骨が向かい合い片方は凸、もう片方は凹の形となり、ぴったりはまることで、体を支持しながら自由に動かすことができる。凸のほうを「関節頭《かんせつとう》」、凹のほうを「関節窩《かんせつか》」とよぶ。これに力が加わり外れてしまった状態が「脱臼《だっきゅう》」だ。

関節頭と関節窩の形は、どのような運動をするかによって決まる。関節をその形から分けると、平面関節《へいめんかんせつ》、臼状関節《きゅうじょうかんせつ》、蝶番関節《ちょうばんかんせつ》、ラセン状関節《じょうかんせつ》、車軸関節《しゃじくかんせつ》、鞍関節《あんかんせつ》、楕円関節《だえんかんせつ》、球関節《きゅうかんせつ》などに分けることができる。

また、関節の動く範囲を「関節可動域《かんせつかどういき》」とよぶ。関節可動域の大きさは、関節の形、関節周囲の筋や靭帯《じんたい》、腱《けん》の伸び具合によって決まるが(50ページ)、個人差が大きい。運動不足や年をとることで関節可動域が小さくなる（体が硬くなる）のは、おもに関節周囲の筋がおとろえるからだ。

次項では関節の構造についてくわしくみてみよう。

骨をつなぐ「関節」

骨の結合

骨と骨の結合には、骨がぴったり結びついた「不動関節《ふどうかんせつ》」と関節により結びついた「可動関節《かどうかんせつ》」がある。

●**不動関節**

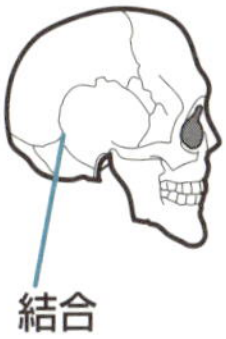

●**可動関節**

関節による結合

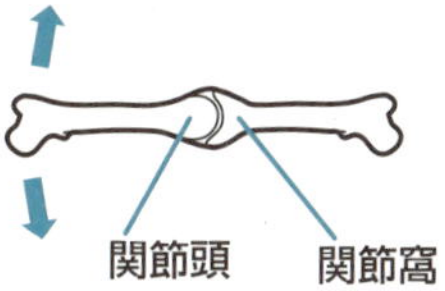

関節頭《かんせつとう》と関節窩《かんせつか》が外れた状態
＝脱臼《だっきゅう》

関節の種類

関節をその形(どのような運動をするか)で分けると、次の8種類になる。

① 平面関節《へいめんかんせつ》

② 臼状関節《きゅうじょうかんせつ》

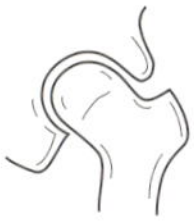

③ 蝶番関節《ちょうばんかんせつ》

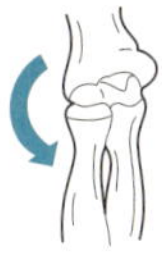

④ ラセン状関節《じょうかんせつ》

⑤ 車軸関節《しゃじくかんせつ》

⑥ 鞍関節《あんかんせつ》

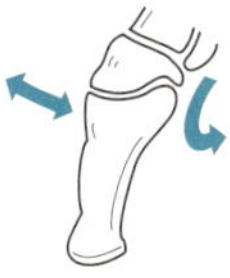

⑦ 楕円関節《だえんかんせつ》

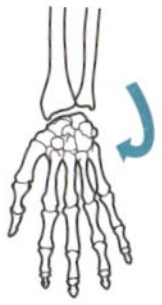

⑧ 球関節《きゅうかんせつ》

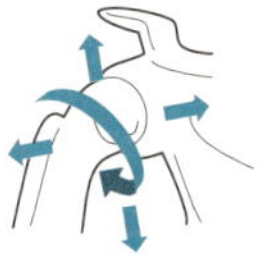

関節の構造

関節を守る安全装置

ここでは、関節《かんせつ》の構造についてみてみよう。

関節頭《かんせつとう》と関節窩《かんせつか》の向かい合った面を関節面《かんせつめん》といい、関節面は「関節《かんせつ》軟骨《なんこつ》」によって覆われている。関節軟骨は、クッションのようなはたらきをし、骨に加わる荷重《かじゅう》を分散させる。この軟骨がボロボロにすり減ってしまうと、骨と骨のすき間が狭くなり、骨と骨が直接ぶつかり痛みが起こる。激しいスポーツによる軟骨 への異常な負担や加齢などが原因で起こる「変形性膝関節症《へんけいせいしつかんせつしょう》」がこのような状態だ。

関節頭と関節窩は「関節包《かんせつほう》」というおおいに包まれている。関節包の内側を「滑膜《かつまく》」といい、そこから「滑液《かつえき》」という液体が分泌《ぶんぴつ》されている。滑液は関節の動きを滑らかにする潤滑油《じゅんかつゆ》のはたらきをし、また軟骨に栄養を供給《きょうきゅう》している。

関節の中で最も大きく荷重がかかる膝関節《しつかんせつ》などには、滑液をためた「滑液包《かつえきほう》」という袋がある。滑液包は関節包が突出したもので、「膝に水がたまる」という状態は、膝関節に炎症《えんしょう》が起きたため、滑膜から滑液が異常に分泌された状態のことを指している。

関節には筋《きん》の力や体重など大きな力がかかるため、関節包の外側を「靭帯《じんたい》」や「腱《けん》」がとりかこみ補強している。靭帯は、骨と骨をつなぎ、関節が変な方向へ動かないように運動を制限している。靭帯の伸《しん》縮性《しゅくせい》は少ないため、伸びきったり切れたりしやすい部分である。

腱は、骨格筋《こっかくきん》と骨をつなぐ役割をしているが、関節を保護する役割もある。また、腱の伸縮性はごくわずかだが強力なバネのようにはたらくため、ダッシュやジャンプなどの時は、この腱のバネの力を利用している。手、足、肩の腱には、「腱鞘《けんしょう》」という組織で包まれているところがあるが、そこが炎症を起こしたものが腱鞘炎《けんしょうえん》だ。

関節・靭帯・腱

関節の構造

関節《かんせつ》の構造は関節ごとに異なるが、共通する点は次のようになる。

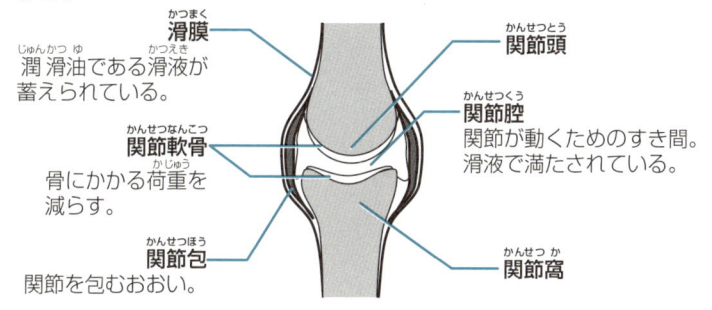

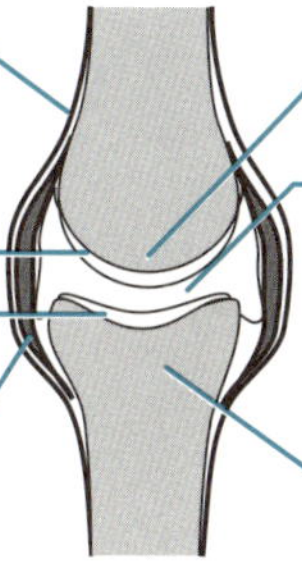

靭帯と腱

関節の周囲は筋《きん》や靭帯《じんたい》、腱《けん》にとりかこまれている。

●靭帯

骨と骨をつなぐ

右手首背面の靭帯

●腱

骨格筋《こっかくきん》と骨をつなぐ

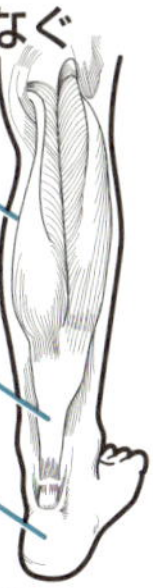

筋や靭帯、腱には関節を補強する役割もある。

筋の役割と種類

人間の力の源

ここからは、身体活動の動力源になる筋《きん》について説明しよう。

筋が体に果たす役割には、次のようなものがある。

・力を発揮して、身体活動の動力源《どうりょくげん》となる。
・エネルギーを消費することで熱を発生し、体温を保つ。
・筋の緊張《きんちょう》と弛緩《しかん》によって筋内部の血管に血液を送り込む。
・骨や内臓を外部の衝撃《しょうげき》から守る。
・関節《かんせつ》を補強する。

筋というと思い浮かぶのは、腕や足の筋、腹筋《ふっきん》や背筋《はいきん》など、体を動かす筋だろう。しかし、筋はこれだけではない。人体の運動はすべて筋によって行なわれている。内臓にも筋があり、食物の消化と吸収、体液の循環などにも筋は大きな役割を果たしている。

筋はその組織から、「横紋筋《おうもんきん》」と「平滑筋《へいかつきん》」に大きく分けることができる。横紋筋は２種類の筋フィラメント（40ページ）が規則正しく並んだ横紋構造《おうもんこうぞう》がある筋で、電子顕微鏡《でんしけんびきょう》で観察すると横紋（横縞《よこじま》）が見える。横紋筋はさらに心臓の筋である「心筋《しんきん》」と、骨に付着している「骨格筋《こっかくきん》」に分類できる。平滑筋は、横紋構造がない筋で、血管、消化管、気管支壁《きかんしへき》など、主に内臓にある。

また、自分の意志で動かしたり止めたりできるか、という点からも分類できる。体性神経《たいせいしんけい》（62ページ）によって支配され、自分の意志でコントロールできる筋を随意筋《ずいいきん》、自律神経《じりつしんけい》（62ページ）によって支配され、自分の意志でコントロールできない筋肉を不随意筋《ふずいいきん》という。骨格筋は随意筋で、心筋と平滑筋は不随意筋になる。

ふつう筋といえば、たいていは骨格筋を指している。骨格筋は全身で約400あり、体の運動や姿勢の保持、内臓の保護に関与している。

筋の種類

横紋筋と平滑筋

筋は組織によって二種類に分けることができる。

●横紋筋《おうもんきん》

2 種類の筋フィラメントが規則正しく配列した筋。

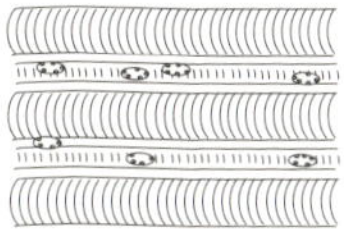

心筋(心臓の筋)

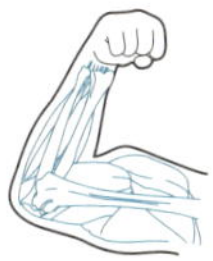

骨格筋

●平滑筋《へいかつきん》

横紋構造《おうもんこうぞう》がない筋。

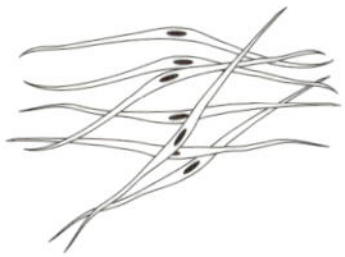

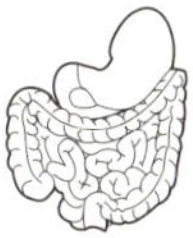

消化器官

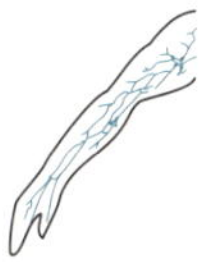

血管

随意筋と不随意筋

筋には、自分の意志でコントロールできるものと、できないものがある。

●随意筋《ずいいきん》

体性神経《たいせいしんけい》によってコントロールされ、意志によって動かすことができる筋。骨格筋。

●不随意筋《ふずいいきん》

自律神経《じりつしんけい》によってコントロールされ、意志で動かすことができない筋。心筋・平滑筋。

筋収縮の種類

縮むことで力を出す

筋《きん》は収縮《しゅうしゅく》することで力を生み出す。筋の収縮形態は力を出しているときの長さの変化から分けると、「短縮性収縮《たんしゅくせいしゅうしゅく》」、「伸張性収縮《しんちょうせいしゅうしゅく》」、「等尺性収縮《とうしゃくせいしゅうしゅく》」の三つになる。

短縮性収縮では、筋が短くなりながら、収縮して力を出す。伸張性収縮では筋がむりやり引き伸ばされながら、収縮して力を出す。たとえば重量挙《じゅうりょうあ》げの場合、バーベルを挙げる時は短縮性収縮、抵抗《ていこう》に逆らいながらバーベルを降ろす時は伸張性収縮となる。なお、伸張性収縮では、収縮する筋繊維《きんせんい》（40ページ）の数が少ないため、筋繊維一本あたりにかかる負荷《ふか》は大きくなる。

等尺性収縮では、たとえば、通称「空気イス」とよばれる種目のように、筋が長さを変えずに収縮して力を出す。

また、「等尺性収縮《とうしゃくせいしゅうしゅく》」「等張性収縮《とうちょうせいしゅうしゅく》」「等速性収縮《とうそくせいしゅうしゅく》」という三種類の分け方もある。等張性収縮は、筋の張力《ちょうりょく》（筋にかかる抵抗・負荷）が常に一定の収縮形態である。等速性収縮は、筋が収縮する速さが一定の収縮形態で、抵抗が一定の速度で変化する場合や、筋が一定の速度で収縮できるように、関節角度によって抵抗が変化する場合などにみられる。日常生活ではあまりみられない収縮形態だが、筋の能力を調べるため専用のマシーンを用いて発揮できる力を測定することがある。なお、日常生活で力を出しているときには、筋の長さ、張力、収縮速度は常に変化している。

筋は収縮するだけで、自らの力で伸びることはない。筋が元の長さに戻るのは、重力や他の筋の力によるものだ。このため、すべての筋の反対側には、それらを引き伸ばす作用がある「拮抗筋《きっこうきん》」が対になって存在する。

筋の収縮

筋収縮《きんしゅうしゅく》は力を出すときの筋の長さによって、三種類に分けられる。

短縮性収縮《たんしゅくせいしゅうしゅく》

筋の長さが短縮しながら、力を出す。

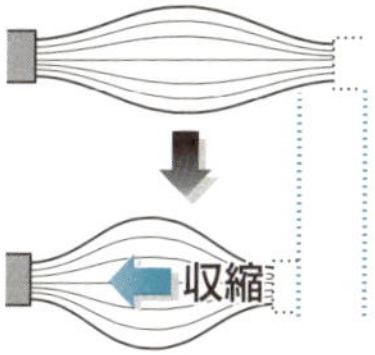

バーベルを持ち上げる

伸張性収縮《しんちょうせいしゅうしゅく》

筋がむりやり引き伸ばされながら、力を出す。

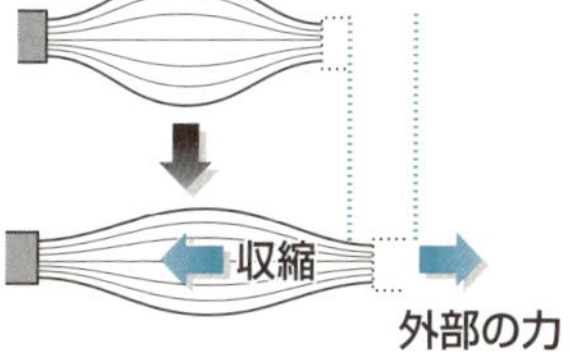

バーベルを降ろす

等尺性収縮《とうしゃくせいしゅうしゅく》

筋が長さを変えずに、力を出す。

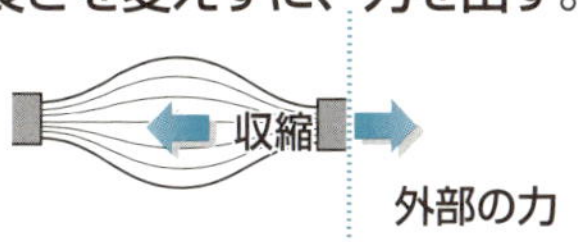

空気イス

骨格筋の構造と収縮のしくみ

カルシウムイオンの役割

ここでは、骨格筋《こっかくきん》の構造をみてみよう。

骨格筋は、細長い形をした筋繊維《きんせんい》（骨格筋細胞《こっかくきんさいぼう》）という一つの細胞からできている。筋繊維内部をみてみると、「筋原繊維《きんげんせんい》」が縦方向に並んでおり、筋原繊維の間は筋形質《きんけいしつ》という細胞で満たされている。筋原繊維は「筋小胞体《きんしょうほうたい》」という袋状の細胞器官に覆われている。

筋原繊維を顕微鏡《けんびきょう》でみると、明るい縞《しま》（I帯）と暗い縞（A帯）の配列がある。これが横紋構造《おうもんこうぞう》（36ページ）だ。この明るい縞の中央部には「Z膜《まく》」がある。Z膜と次のZ線までの間を「筋節《きんせつ》」といい、筋収縮《きんしゅうしゅく》の単位になる。筋節の中央部には「太いフィラメント（ミオシンフィラメント）」があり、筋節の両側のZ膜からは、「細いフィラメント（アクチンフィラメント）」が伸びている。

では、いかにして骨格筋が収縮《しゅうしゅく》するか、しくみをみてみよう。まず、神経を伝わってきた命令は、運動神経《うんどうしんけい》（58ページ）の終末からアセチルコリンという化学伝達物質《かがくでんたつぶっしつ》を放出させる。細胞は電池のような機能をもっており、普段はマイナスの電位《でんい》を維持しているが、アセチルコリンがきっかけでプラスの電位が発生する。電位の変化（電気的興奮）は、筋繊維の表面（細胞膜）から筋繊維内部にも広がっていき、ついには筋小胞体に到達する。

電気的興奮によって筋小胞体が刺激されると、細胞質中へカルシウムイオンが放出され、細胞質中のカルシウムイオンの濃度が高くなる。その結果、筋収縮の抑制《よくせい》が解除され、筋節の両側にある細いフィラメントが筋節の中央にある太いフィラメントの間に滑り込む。このため、筋が収縮するのだ。

筋収縮のしくみ

骨格筋の構造

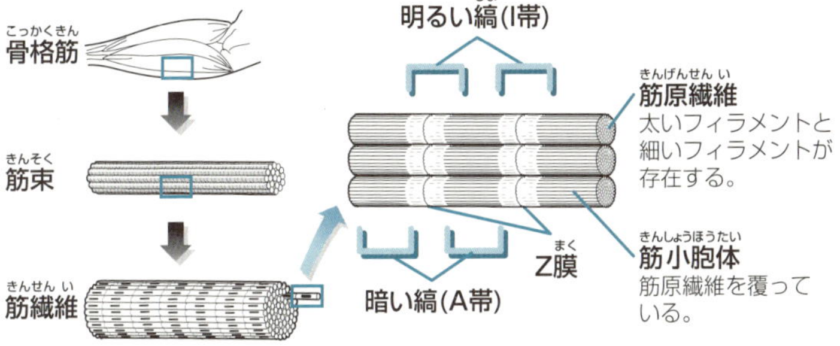

骨格筋の収縮

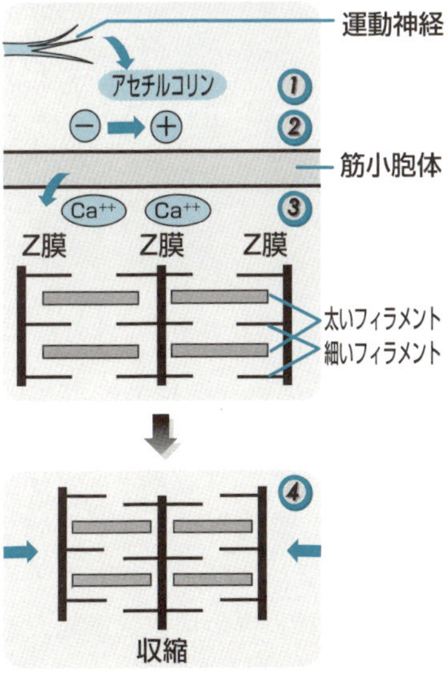

① 運動神経の終末からアセチルコリンが放出される。

② アセチルコリンによって細胞に＋の電位が発生する。

③ 細胞質中にカルシウムイオンが放出される。

④ カルシウムイオンにより抑制が解除され、細いフィラメントが太いフィラメントの間に滑り込む。

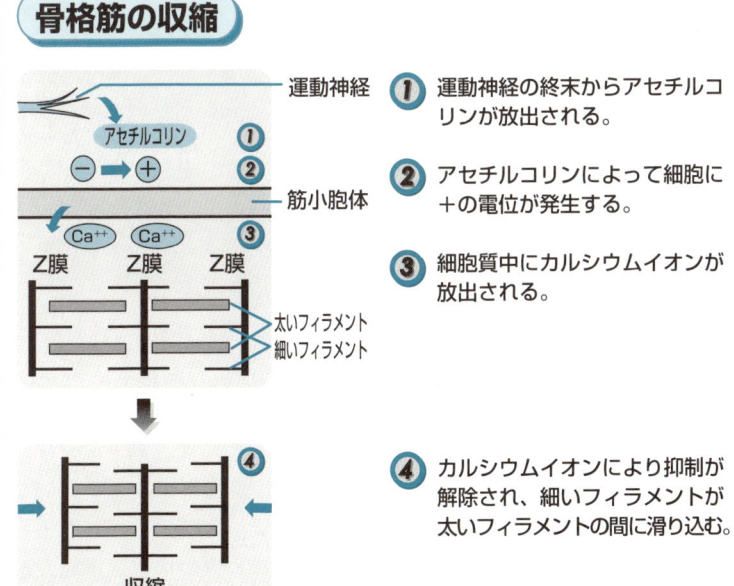

速筋と遅筋

スポーツの向き不向きを決める要素

筋線維《きんせんい》は収縮速度《しゅうしゅくそくど》によって、速筋繊維《そっきんせんい》(fast twitch fiber:FT繊維)と遅筋繊維《ちきんせんい》(slow twitch fiber:ST繊維)に分けることができる。速筋繊維は収縮速度が速いが疲労《ひろう》しやすい。反対に、遅筋繊維は収縮速度は遅いが疲労しにくい。速筋繊維は白くみえるので白筋《はっきん》、遅筋繊維は赤くみえるので赤筋《せっきん》ともいわれている。

また、力を出すのに必要なエネルギーから、遅筋繊維をSO(slow oxidative)繊維、速筋繊維をFG(fast glycolytic)繊維とFOG(fast oxidative-glycolytic)繊維という三種類に分けることもできる。SO繊維は有酸素的《ゆうさんそてき》エネルギーをおもに使い(106ページ)、FG繊維は解糖《かいとう》系《けい》エネルギーをおもに使う。FOG繊維はSO繊維、FG繊維両方の性質を持っており、収縮速度が速いが疲労もしにくい。

この三つの筋《きん》は必要とされている運動によって、使い分けられており、一般的には、弱い力を発揮《はっき》するときには遅筋繊維が優先的に利用され、強い力を発揮するときには速筋繊維が使用される。ただし、たとえ弱い負荷であっても、伸張性収縮《しんちょうせいしゅうしゅく》(38ページ)のときや素早く動かした時には速筋繊維が優先的に利用されているようだ。

速筋と遅筋の割合は、「先天的《せんてんてき》に決まっていて変わらない」という説が有力だったが、最近は「トレーニングによってある程度は変化する」という説もある。いずれにせよ、先天的な筋繊維の割合でスポーツの向き不向きはある程度決まるといえよう。たとえば、マラソンなど持《じ》久的《きゅうてき》な競技には遅筋繊維の割合が高い人が、重量挙《じゅうりょうあ》げなど瞬発的《しゅんぱつてき》な競技には速筋繊維の割合が高い人が向いている。実際にすぐれた選手を調べると個人差はあるものの、持久的な競技の選手は遅筋繊維の割合が、瞬発的な競技の選手は速筋繊維の割合が多いことがわかっている。

スポーツに向いた筋

速筋と遅筋

筋は収縮《しゅうしゅく》速度《そくど》によって二種類に分けることができる。

- **速筋繊維《そっきんせんい》（FT繊維）**……収縮速度は速いが疲労しやすい。
  白筋《はっきん》
- **遅筋繊維《ちきんせんい》（ST繊維）**……収縮速度は遅いが疲労しにくい。
  赤筋《せっきん》

必要なエネルギーから三つに分けられる。

- **速筋繊維**
  - **FG繊維**…解糖系《かいとうけい》エネルギーをおもに使う。
  - **FOG繊維**…解糖系、有酸素的《ゆうさんそてき》エネルギーをともに使う。収縮速度が速く、疲労しにくい。
- **遅筋繊維** ── **SO繊維**…有酸素的エネルギーをおもに使う。

スポーツと筋の種類

要求される能力によって、スポーツ選手の筋の割合には違いがある。

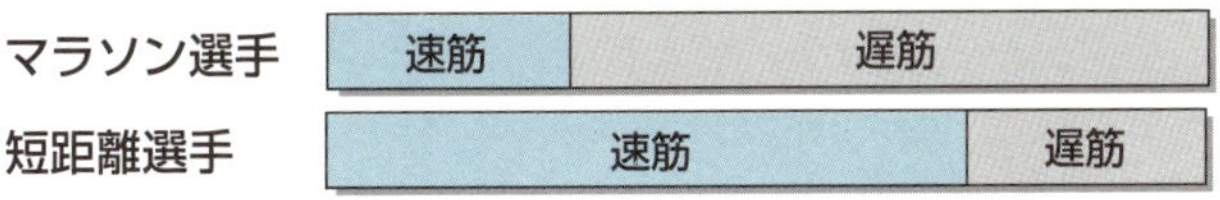

速筋の割合が多いスポーツ

重量挙げ、砲丸投げ、短距離走など。

遅筋の割合が多いスポーツ

マラソン、水泳など。

筋がつくメカニズム

トレーニングの後は休息が必要

筋《きん》を鍛《きた》える運動をすると、筋が増強する。あたりまえのようだが、ではそのメカニズムはどのようなものだろうか。

筋に過負荷《かふか》がかかると、筋繊維《きんせんい》は微細《びさい》に損傷《そんしょう》し、そして修復《しゅうふく》される。この損傷と修復を繰り返すことによって、筋は次第に太くなる(筋断面積《きんだんめんせき》が増える)と考えられている。

個人差はあるが、一般的には筋断面積に比例して筋力がアップする。しかし、とくに筋力トレーニングを開始した直後は、筋が太くなる以上に筋力がアップする。これは筋をコントロールする神経系《しんけいけい》の機能が良くなり、効率的に力を出せるようになったためだ。

「筋の肥大は筋繊維の数が増えるのではなく、一本一本の筋繊維が太くなることによっておこる」というのが定説だったが、最近では筋線維の数が増えるという説もある。そのメカニズムはこうだ。

筋細胞《きんさいぼう》(筋繊維)の源は、紡錘状《ぼうすいじょう》の形をした、核を一つしかもたない未熟な筋芽細胞《きんがさいぼう》である。それが融合して、成熟した多くの核をもつ細長い繊維状の筋細胞に成長していく。そのとき融合しそこねた筋芽細胞を、筋衛星細胞《きんえいせいさいぼう》という。成人の場合、筋衛星細胞は普段は何のはたらきもしていない。しかし、トレーニングによって刺激されたり、けがをしたとき、筋衛星細胞が新しい筋繊維になるというのだ。また、筋繊維と筋繊維のすきまなどを埋めている結合組織《けつごうそしき》の肥大も筋肥大に関与しているようで、ボディービルダーの筋を調べてみると、他の競技選手に比べて結合組織の肥大の割合が高かったという研究もある。

筋が成長するには、傷を修復する時間が必要だ。長期間休息をとらずに筋を酷使し続けると「オーバートレーニング症候群」に陥り、筋を衰えさせてしまう。トレーニングの後には充分な休息が必要だ。

筋の破壊と修復

筋と過負荷

筋《きん》に過負荷《かふか》がかかると…

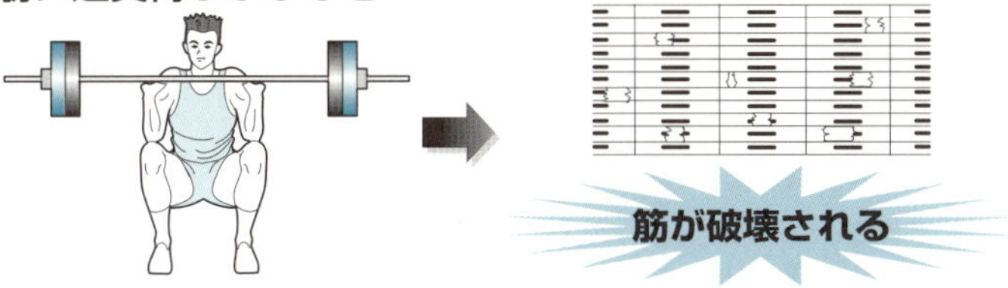

- 破壊された筋が修復することで、筋は太くなる。

筋繊維数増加のメカニズム

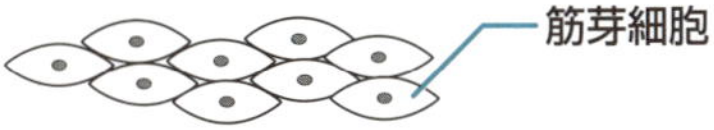

筋芽細胞《きんがさいぼう》がくっつき融合して、筋繊維《きんせんい》になる。

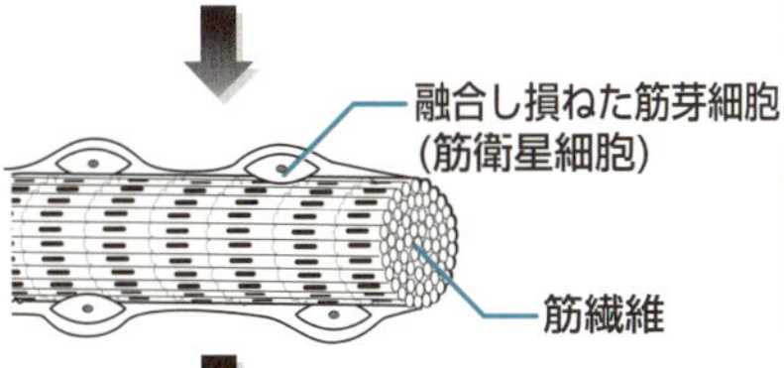

融合し損ねた筋芽細胞は筋衛星細胞となる。

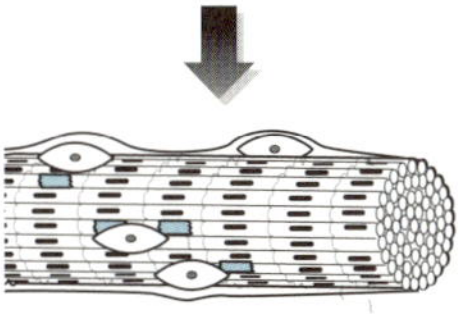

筋繊維が破壊されると、筋衛星細胞がこわれた部分を修復する。

- 実際には、筋肥大のうち筋繊維数の増加によるものは少ない。

筋の成長をうながす要素

ホルモンや成長因子の分泌をうながそう！

ここでは筋《きん》が成長するとき、「ホルモン」など内分泌系《ないぶんぴつけい》が果たす役割をみてみよう。

ホルモンは、体内の分泌腺《ぶんぴつせん》から放出される化学物質《かがくぶっしつ》である。身体内外の環境に合わせて分泌され、体の各器官のはたらきを調節している。

筋の増強に関係が深いのは、「男性ホルモン」や「成長ホルモン」などだ。また最近では、成長ホルモンの作用によって肝臓《かんぞう》や筋に分泌される「インスリン様成長因子《ようせいちょういんし》(IGF-I)」などの成長因子とよばれる物質が筋の成長に大きく関係していることがわかってきている。

ホルモンが分泌されるプロセスの一例をみてみよう。筋が酷使《こくし》され乳酸《にゅうさん》(108ページ)がたまると、その情報が「視床下部《ししょうかぶ》」に送られる。視床下部にはさまざまなホルモンの分泌をコントロールする役割があり、この場合には「成長《せいちょう》ホルモン放出因子《ほうしゅついんし》」というホルモンを分泌する。これにより「下垂体《かすいたい》」から「成長ホルモン」が分泌され、さらに成長ホルモンは肝臓や筋に「インスリン様成長因子」を分泌させる。

分泌されたホルモンは全身に流れるので、酷使されていない部分の筋も成長がうながされる。だから、おもに下半身を鍛えるスクワットを行なえば、上半身の筋の成長もうながされる。しかし、成長因子がはたらくのは酷使された部分だけだから、下半身のトレーニングではおもに下半身が発達する。

なお、こうした筋肉増強に関係が深いホルモンを、外部から取り入れることで筋肉を増強させるのが、筋肉増強剤《きんにくぞうきょうざい》(アナボリック・ステロイドなど)によるドーピングだ。ただし、体の機能を調節する物質の量を無理に増やすのだから、動脈硬化《どうみゃくこうか》や肝機能障害《かんきのうしょうがい》など体へのマイナスも大きい。

筋と内分泌系

ホルモン分泌のプロセス

ホルモン分泌《ぶんぴつ》によって筋が成長する一例をあげると、

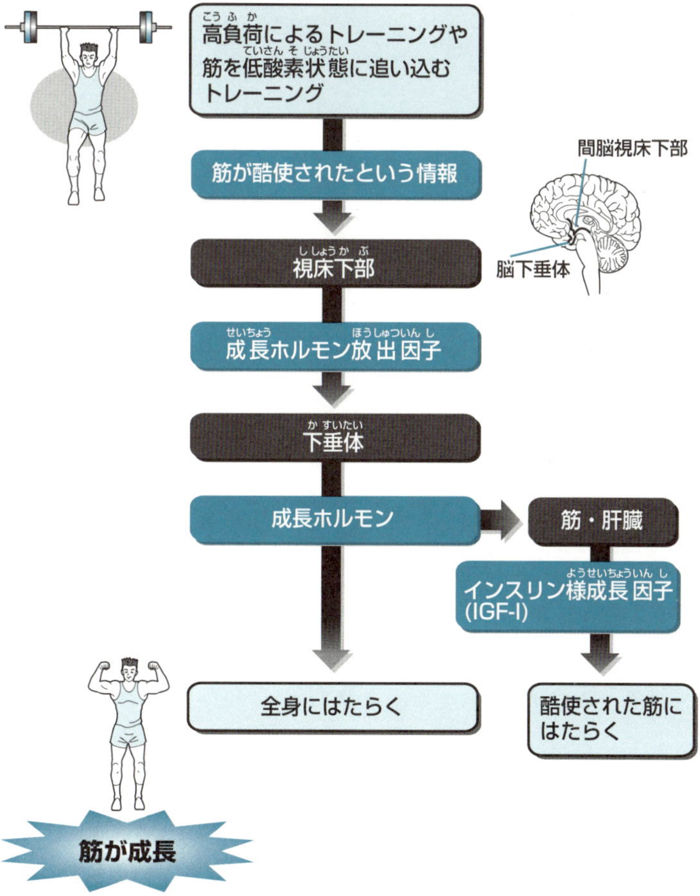

筋肉痛はなぜ起こる

筋を治すことで起こる

力仕事やトレーニングで筋《きん》を酷使《こくし》したが、その場ではなんともない。ところが、翌日になってから体のあちこちが痛くなり、動かすことができない。誰でもこんな経験があるだろう。では、筋肉痛《きんにくつう》はなぜ起こるのだろうか。

筋肉痛のくわしいメカニズムは、実は未だはっきりとはわかっていない。ただ、普通、痛みというのは体を損傷《そんしょう》した時に発生するものだが、筋肉痛（正確には遅発性筋肉痛《ちはつせいきんにくつう》）は、翌日、あるいは二日後など、後から発生する。そのため、筋肉痛の痛みはトレーニングした時の損傷そのものによって起こる痛みではなく、その損傷を修復する過程で生じる炎症《えんしょう》が原因ではないかと考えられている。

また、伸張性収縮《しんちょうせいしゅうしゅく》では短縮性収縮《たんしゅくせいしゅうしゅく》よりも運動に参加する筋繊維《きんせんい》の数が少ないため、（38ページ）筋繊維一本あたりにかかる負荷《ふか》やダメージが非常に大きくなり、筋肉痛が発生しやすい。なお、筋肉痛は筋繊維そのものではなく、そのまわりの結合組織《けつごうそしき》のダメージだと考える説が有力である。

伸張性収縮はスポーツを行なううえで重要だ。ただし、伸張性収縮を特別に強化するトレーニングは、筋肉痛が発生しやすいだけでなく、場合によっては筋を損傷させ、かえって筋力を低下させてしまうこともある。しっかりとした計画を立て、徐々に伸張性収縮に慣らしていくことが大切であろう。また、筋肉痛が出た時は、軽く運動すると、何も運動しないより回復が早くなる。

なお、筋を酷使している最中や直後に起こる筋肉痛（現発性筋肉痛《げんはつせいきんにくつう》）もある。これは筋に乳酸《にゅうさん》（108ページ）などの代謝物《たいしゃぶつ》がたまることが原因で、通常は1〜2時間でおさまる。

筋肉痛はなぜ起こる

二種類の筋肉痛

筋を酷使する。

筋に乳酸《にゅうさん》などの代謝物《たいしゃぶつ》がたまる。

筋を使っている最中〜直後

代謝物によって筋が動かなくなる。痛みが起こる。
＝現発性筋肉痛《げんはつせいきんにくつう》

筋繊維《きんせんい》や周囲の結合《けつごう》組織《そしき》が損傷する。

翌日〜2日後

損傷《そんしょう》を修復する過程の炎症《えんしょう》が痛みを引き起こす。
＝遅発性筋肉痛《ちはつせいきんにくつう》

筋肉痛が起こりやすい運動

伸張性収縮《しんちょうせいしゅうしゅく》運動《うんどう》では、筋肉痛が起こりやすい。

●伸張性収縮

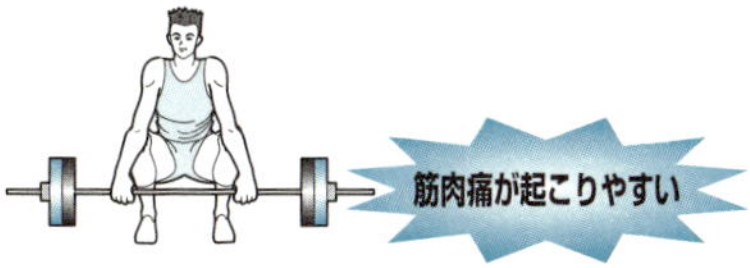

●短縮性収縮《たんしゅくせいしゅうしゅく》

筋肉痛は起こりにくい

柔らかい体とは

体が柔らかいことの利点

体が硬いとか柔らかいというのは、いったい何によって決まるのだろうか？ まず、筋《きん》や腱《けん》の柔軟性があげられるだろう。

関節は腱や靭帯《じんたい》に覆われている。では、この腱や靭帯が弱く、関節《かんせつ》の可動域《かどういき》が大きければよいのかといえば、そうではない。腱や靭帯が弱いと筋の力を伝えることができないし、脱臼《だっきゅう》も起こしやすくなる。

よい体の柔らかさとは、筋や腱、靭帯が鍛《きた》えられて柔軟性を持ち、関節の大きな動きにも耐えられる状態である。普通、柔軟性のトレーニングというと、こうしたトレーニングのことを意味している。

関節の構造の問題（たとえば先天性《せんてんせい》股《こ》関節脱臼《かんせつだっきゅう》など）や、けがで靭帯を損傷したため、関節が不安定で脱臼などを起こしやすい、いわゆる「関節が緩《ゆる》い」という状態がある。このような人はテーピングや装具などで関節可動域を制限して運動するとよい。

体が柔らかいことの利点としては、第一にけがの予防があげられる。また、可動域の拡大によって、高い柔軟性が要求される動作（たとえばハイキックやバタフライなど）が楽にできるようになる。その他、反応スピードを短くすることもできるし、血流をよくし疲労回復《ひろうかいふく》を早めることもできる。

スポーツの動作に関係が深い柔軟性とは、動かしながら伸ばした時の柔軟性であり、反動を使わず静かに伸ばした時の柔軟性ではない。また、自分１人で伸ばしたときの柔軟性のほうが、パートナーの助けを借りて伸ばした時の柔軟性よりも、スポーツの動作に直接関係が深い。ただし、可動域の拡大や疲労回復などのためにも、反動を使わず静かに伸ばしたり、パートナーの助けを借りるストレッチングもしっかり行なうべきである。

柔らかい体

からだが柔らかいとは?

柔らかい体とはどんな状態か。

筋《きん》や腱《けん》、靭帯《じんたい》に柔軟性がない。

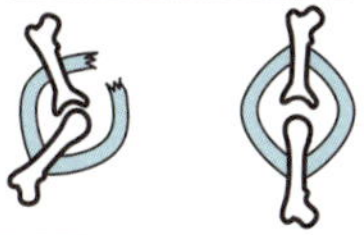

関節の大きな動きに耐えられず脱臼を起こしたり、腱や靭帯が切れてしまう。

筋や腱、靭帯が鍛えられ、柔軟性がある。

関節の可動範囲が大きくても、支えることができる。

体が柔らかいとは、筋や腱、靭帯が鍛えられ、関節の大きな動きに耐えられる状態である。

体が柔らかい利点

● **ケガをしにくい**

● **柔軟性が要求される動作ができる**

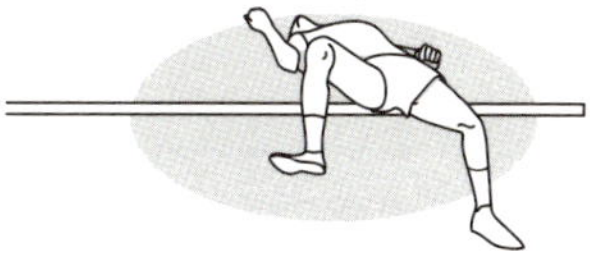

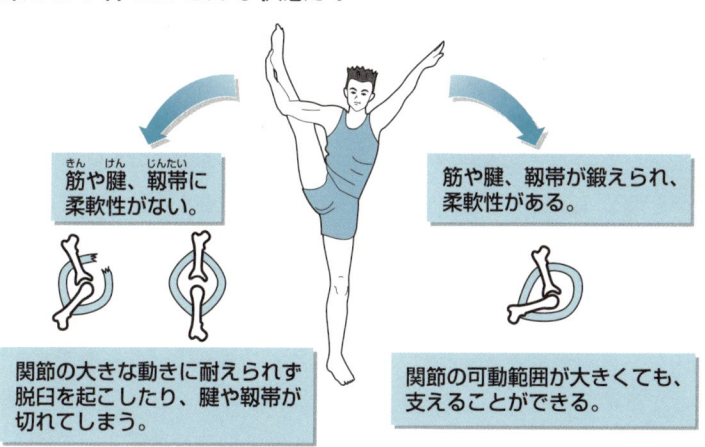

柔らかい体にするには

ストレッチに励むだけではダメ！

体を柔らかくするトレーニングとしては、まずストレッチがあげられる。ストレッチには、「スタティックストレッチ」と、「バリスティックストレッチ」がある。

スタティックストレッチはゆっくり呼吸《こきゅう》をしながら、反動《はんどう》をつけることなく静かに筋《きん》を伸ばす。体を伸ばしたときの痛みも少なく、筋や腱《けん》を痛める危険も少ないので、広く一般の人にもお勧めできる。

バリスティックストレッチは反動をつけて筋を伸ばす。たとえば、反動をつけてアキレス腱を伸ばす運動などだ。スポーツの動作ははずみをつけて体を動かすことがほとんどだから、スポーツ動作のパフォーマンスを高めるためにはバリスティックストレッチが重要だが、いきなり最初に行なうと筋や腱《けん》を痛める危険もあるので、注意が必要だ。スポーツのウォームアップには、ジョギングなどで筋を温め、さらに筋温《きんおん》を下げないよう短めのスタティックストレッチをやった後に本格的なスタティックストレッチを行なうとよいだろう（200ページ）。

筋のアンバランスな発達や不良姿勢は、体を硬くする大きな原因である。不良姿勢では血行《けっこう》不良《ふりょう》を生じて疲労物質《ひろうぶっしつ》がたまりやすく、しだいに体が硬くなってしまう。また、偏った筋の使い方をする運動（ゴルフ、テニス、野球など）によって、筋がアンバランスに発達し筋が硬化することも考えられる。そのような場合、左右の筋バランスや、前後の筋バランス、捻《ねじ》れを矯正《きょうせい》するための筋トレが必要だ。

また、「筋トレをすると筋が硬くなるというのは迷信だ！」とは一概には言えない。骨格《こっかく》の歪《ゆが》みが大きい人の場合、直線的に動かすウェイトトレーニングばかり行なうと、筋がさらにアンバランスに発達して筋をさらに硬くする可能性もあるからだ。

ストレッチ

ストレッチは、二種類に分けられる。

スタティックストレッチ

反動をつけずに体を伸ばすストレッチ。

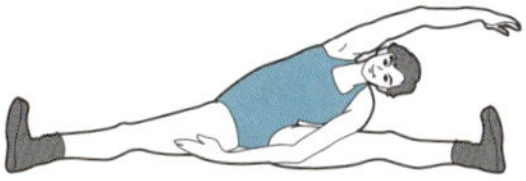

ゆっくりと呼吸をしながら、体を20～30秒間伸ばす。
運動不足の人が行なっても、ケガの危険が少ない。

バリスティックストレッチ

反動をつけて体を伸ばすストレッチ。

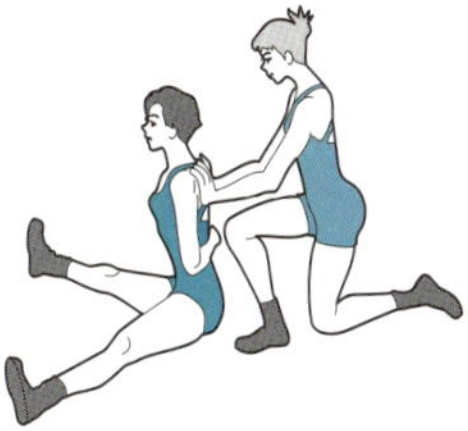

息を吐きながら行なうと効果がある。
無理に行なうと、ケガをすることもあるので、注意する。

スポーツ動作のため体を柔らかくするには、スタティックストレッチの後、バリスティックストレッチを行なう。

ペタンク

ペタンクはフランスで生まれた、グラウンドで行なうボールゲームで、ビュットとよばれる木製の目標球に、投球サークルから投げた金属製のボールを近づけることを競う。シングルス、ダブルス、トリプルスの対戦方式があり、シングルスとダブルスでは１人３個、トリプルスでは１人２個のボールを使う。

ゲームは35～50cmの投球サークルから６～10ｍ離れたところにビュットを投げてスタートする。先攻チームはビュットに近づけるように、ボールを投げ、つづけて後攻チームが、先攻チームよりビュットに近づくようにボールを投げる。以後、両チームのビュットにいちばん近いボールの遠近を測り、遠いほうのチームが次のボールを投げていく。なお、一方のチームがボールを投げ終わった場合、もう一方のチームも残りボールすべてを投球する。

両チームがもち球を投げ終わったら、ビュットとボールの遠近を測り、一方のチームのビュットにいちばん近いボールよりビュットに近いボールの数が得点になる。最終的に、先に13点取ったチームが勝ちだ。

ルールは単純だが、相手チームのボールにぶつけてビュットから離す、味方のボールにぶつけてビュットに寄せる、などの攻め方があり、奥の深いゲームだ。

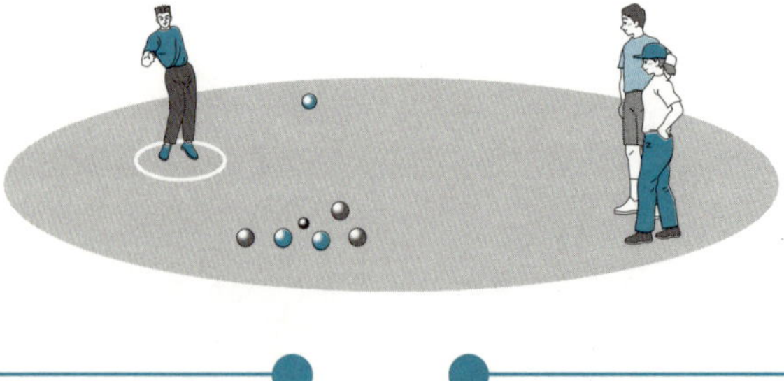

第3章

スポーツと脳・神経

体をコントロールするしくみ

神経系と内分泌系

前章では、体を動かす動力源である筋《きん》についてみてきた。しかし、いくら動力源が強くても、それをコントロールできなければ意味がない。スポーツを行なううえでは、体をどのようにコントロールし、動かすかが重要になる。

スポーツの得意な人は、「運動神経《うんどうしんけい》がいい」といわれる。「運動神経がいい」とは、「体を目的に合わせてコントロール(調節)できる」ということだ。では、「運動神経がいい」人とそうでない人はどう違うのだろうか? この章では、体をコントロールする神経系《しんけいけい》のしくみ、神経系がスポーツ中にはたす仕事についてみていく。まずは、人間が体を調節《ちょうせつ》する基本的なしくみをみてみよう。

人間の体の機能は、「神経系」と「内分泌系《ないぶんぴつけい》」によって調節されている。「神経系」は、神経線維《しんけいせんい》とよばれる通り道に神経伝達物質《しんけいでんたつぶっしつ》を放出《ほうしゅつ》することで、体中に情報《じょうほう》を伝達している。神経線維は体中に存在するため、神経系は環境の変化に素早く対応できる。

内分泌系は、脳にある「松果体《しょうかたい》」「視床下部《ししょうかぶ》」「下垂体《かすいたい》」や「甲状《こうじょう》腺《せん》」「胸腺《きょうせん》」などの内分泌腺《ないぶんぴつせん》から「ホルモン」という生理機能《せいりきのう》を活性化《かっせいか》する物質を血液中に放出して、体中に情報を伝達する。内分泌系は主に生殖《せいしょく》、成長、体の機能を維持するなどの役割を果たしており、たとえば、トレーニングによって筋が成長するのには、ホルモンが関わっている(46ページ)。内分泌系は、神経系と比べると、比較的ゆっくりと効果を発揮する。

人間は、「神経系」と「内分泌系」のそれぞれの長所と短所を上手に使い分けて生活している。スポーツと深い関連があるのは神経系だ。

次項では、神経系についてくわしくみてみよう。

スポーツと体の調節

運動神経がいいとは?

運動神経がいい ➡ 体を目的にあわせてコントロール(調節)できる。

体を調節するしくみ

人間が体を調節するしくみは「神経系《しんけいけい》」と「内分泌系《ないぶんぴつけい》」に分けることができる。

神経系

神経繊維《しんけいせんい》に神経伝達物質《しんけいでんたつぶっしつ》を放出し、体中に情報を伝達する。
情報伝達ははやい。

内分泌系

内分泌腺《ないぶんぴつせん》から血液などにホルモンを放出し、体中に情報を伝達する。
情報伝達は遅い。

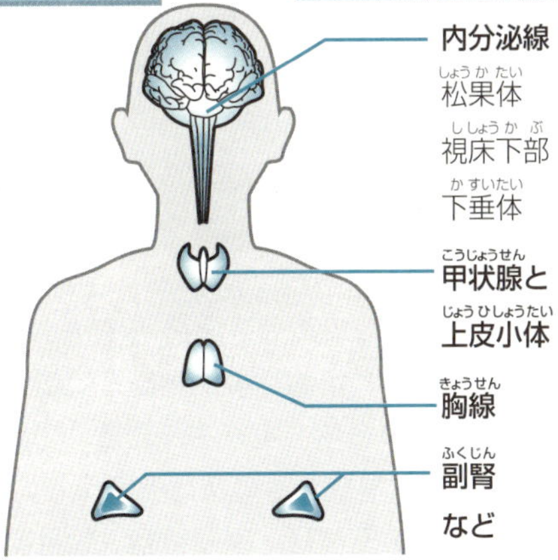

● スポーツと深い関連があるのは「神経系」

神経系のしくみ

情報が流れるプロセス

前項で説明したように、人間が体の動きを調節《ちょうせつ》する機能には「神経《しんけい》系《けい》」と「内分泌系《ないぶんぴつけい》」があり、神経系は素早く、内分泌系はゆっくりと情報《じょうほう》を伝達《でんたつ》する。ここでは神経系のしくみをくわしくみてみよう。

「神経系」とは、体の各部分の活動を全体としてまとまりのあるはたらきにするよう調節する組織《そしき》で、脳と体、または体の各部位どうしを結びつけている。神経系には、1000億個以上の神経細胞《しんけいさいぼう》がある。

神経系には、「中枢神経《ちゅうすうしんけい》」と「末梢神経《まっしょうしんけい》」がある。中枢神経は、脳と脊髄《せきずい》の神経のことをさす。末梢神経は、中枢神経に身体内外の情報を報告し、そのあとに中枢神経から発信される命令を体の各部位に連絡する神経である。

末梢神経は、その機能から大きく二つに分けることができる。末梢神経のうち、中枢神経に情報を伝える神経を「感覚神経《かんかくしんけい》（または求心《きゅうしん》性神経《せいしんけい》）」とよび、末梢神経の命令を伝える神経を「運動神経《うんどうしんけい》（または遠心性神経《えんしんせいしんけい》）」とよぶ。なお、ここでいう運動神経とは、「運動神経がよい」というときのような運動能力をあらわす言葉ではないことに気をつけてほしい。

感覚神経は、環境の変化を受けとる器官《きかん》（これを「受容器《じゅようき》」とよぶ）にはたらきかけ、内外の情報を中枢神経系に伝える。そして、運動神経は、中枢神経からの命令を実行する器官（これを「効果器《こうかき》」とよぶ）にはたらきかけ、中枢神経からの情報を伝える。情報の流れをみると、受容器→感覚神経→中枢神経→運動神経→効果器、という順序になる。

次項では、スポーツ中、神経系がどのようにはたらくのかを見てみよう。

神経系による身体調節

中枢神経と末梢神経

神経系《しんけいけい》は「中枢神経《ちゅうすうしんけい》」と「末梢神経《まっしょうしんけい》」に分けられる。

●末梢神経
中枢神経に情報を伝え、中枢神経から情報を受け取る。

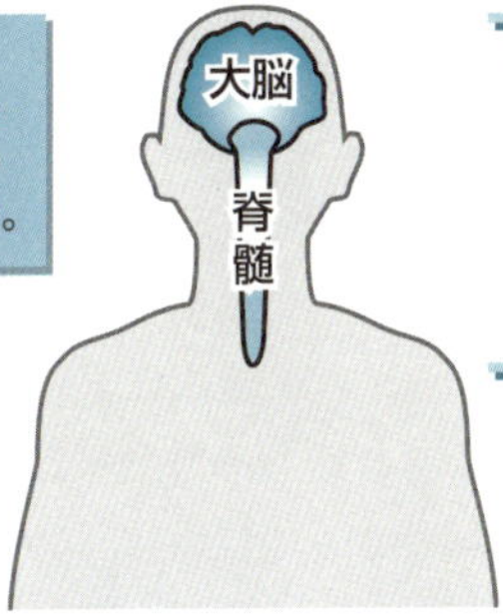

●中枢神経
脳と脊髄《せきずい》の神経。
末梢神経から情報を受け取り整理。
末梢神経へ命令を伝える。

●効果器《こうかき》
中枢神経からの命令を実行する。
骨格筋・内臓など。

●受容器《じゅようき》
体内外の情報を受け取る。
皮膚《ひふ》・骨格筋《こっかくきん》・内臓・目・耳など。

感覚神経と運動神経

末梢神経は「感覚神経《かんかくしんけい》(求心性神経《きゅうしんせいしんけい》)」と「運動神経《うんどうしんけい》(遠心性《えんしんせい》神経《しんけい》)」に分けることができる。

末梢神経
- **感覚神経** ― **中枢神経に情報を与える**
- **運動神経** ― **中枢神経からの情報を伝える**

神経系と反射

スポーツ中の情報処理

神経系《しんけいけい》は、受容器《じゅようき》→感覚神経《かんかくしんけい》→中枢神経《ちゅうすうしんけい》→運動神経《うんどうしんけい》→効果器《こうかき》といった順序で情報《じょうほう》を伝達《でんたつ》する。では、スポーツをしているとき、神経系はどのようにはたらくのだろうか。

神経系で、「情報を受ける～命令を実行する」というプロセスをとるうち、「反射《はんしゃ》」とよばれる形式がある。反射とは、刺激《しげき》に対する情報（感覚情報《かんかくじょうほう》）が、自分の意志とは無関係に受容器から「効果器」へ中枢神経をたどって伝達し、反応《はんのう》が起こる現象である。

受容器～中枢神経～効果器と連なる神経経路《しんけいけいろ》を「反射弓《はんしゃきゅう》」とよぶ。反射弓の中で、中枢神経は反射中枢《はんしゃちゅうすう》としてはたらき、その重要な役割は、情報をまとめることにある。皮膚《ひふ》、筋《きん》、目、耳、鼻などの受容器から、環境に関する情報がたえず中枢神経に送られてくるので、中枢神経はそれぞれの情報をまとめて、その時点でもっとも適切な反応をしようとする。

スポーツにおける反射の例をあげてみよう。柔道で相手が足払いをかけてきたので、自分の足を払われないよう、相手の足をかわしたとしよう。かわすために急に足を動かすと体のバランスは崩れるが、受容器はその崩れたバランスをすぐさま中枢神経に報告する。中枢神経は、バランスがとれるように、効果器に素早く命令する。すると、腕や足を曲げたり、伸ばしたり、さまざまな運動をして、姿勢が一定に保てるように対応する。私たちは常にこうした対応を、意識せずにおこなっているのだ。

スポーツ中は、つねに反射が起こっている。わたしたちが意識しなくても、体はそのときの状況にあわせて適切な反応をしようと、はたらいているのだ。

情報伝達のプロセス

反射弓《はんしゃきゅう》のしくみ

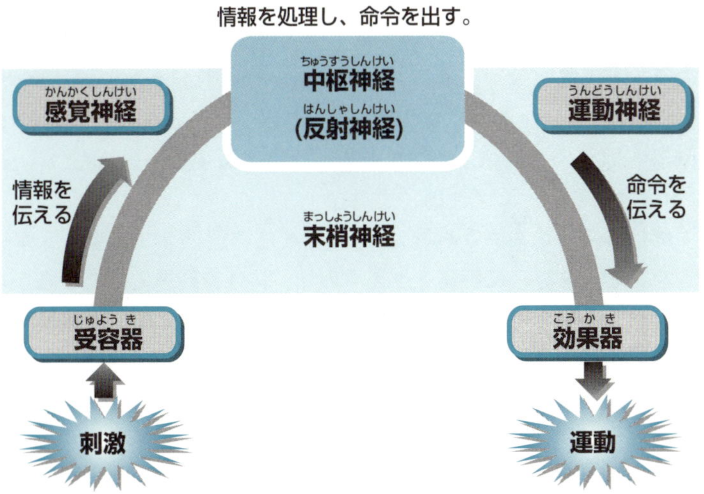

スポーツ中の例

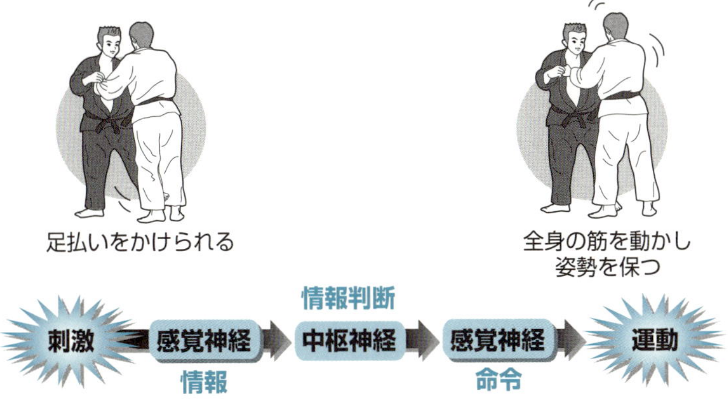

神経系のはたらき

体性神経系と自律神経系

神経系《しんけいけい》は中枢神経《ちゅうすうしんけい》の命令を実行する効果器《こうかき》の種類によって、二つに分けられる。まず、効果器が骨格筋《こっかくきん》、つまり足や腕の筋《きん》の場合は、「体性神経系《たいせいしんけいけい》」とよぶ。効果器に心臓でポンプのはたらきをする心筋《しんきん》、臓器《ぞうき》を動かす平滑筋《へいかつきん》、唾液《だえき》などの消化液を出す分泌腺《ぶんぴつせん》をもつ場合は、「自律神経系《じりつしんけいけい》」とよばれる。

体性神経系のおもな機能は、「運動機能《うんどうきのう》の調節《ちょうせつ》」である。スポーツのパフォーマンスに影響を与えるのは、体性神経系のはたらきだ。自律神経系のおもな機能は、「内臓機能の調節」である。実際には、体性神経系の反射《はんしゃ》と自律神経系の反射が独立して起こることは少なく、それぞれが同時にはたらきながら、複雑な機能調節を行なっている。

スポーツでは、運動機能と関連する体性神経系が重要だが、自律神経系のはたらきも忘れてはならない。自律神経系には、「交感神経《こうかんしんけい》」と「副交感神経《ふくこうかんしんけい》」があるのだが、緊張《きんちょう》するような状況では、「交感神経」が活発《かっぱつ》にはたらきはじめる。反対に、寝ているときなどリラックスしているときは、「副交感神経」が活動をはじめる。

われわれが意識していなくても、自律神経はその場面にあった活動をしている。スポーツをしている場合をみてみよう。

交感神経は、体を活性化《かっせいか》させ、よいパフォーマンスを発揮するように準備をしてくれる。たとえば、重要な試合にのぞむときに、自分を興奮《こうふん》させるために両手で顔をパンパンとたたいたり、大きな声を出したりすることがあるだろう。また、交感神経が活発になりすぎたと感じたときに、副交感神経を活動させようとして、肩の力をぬいたり、深呼吸《しんこきゅう》をしたりする。体性神経だけでなく、われわれは無意識《むいしき》のうちに、この自律神経のはたらきを活用しているのだ。

神経の区分

神経系の区分

神経系《しんけいけい》

●**体性神経系《たいせいしんけいけい》**
効果器《こうかき》が骨格筋《こっかくきん》
おもな機能：運動機能の調整

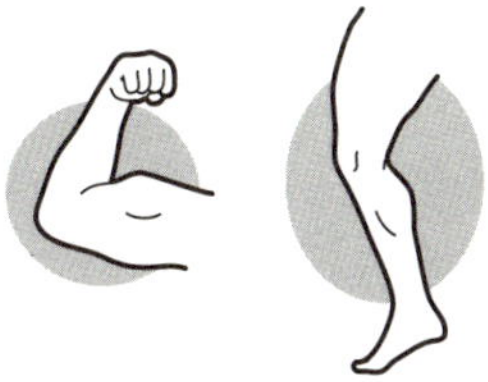

●**自律神経系《じりつしんけいけい》**
効果器が心筋《しんきん》(心臓)、平骨筋《へいかつきん》(臓器)、分泌腺《ぶんぴつせん》
おもな機能：内臓機能の調節

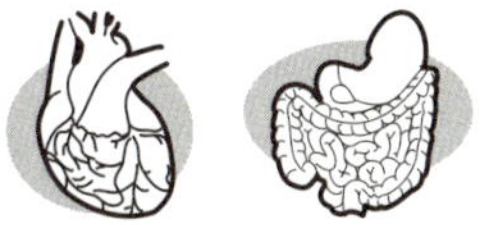

二つが同時にはたらきながら、複雑な調整を行なっている。

自律神経の区分

自律神経系

●**交感神経《こうかんしんけい》**
活性化させる

●**副交感神経《ふくこうかんしんけい》**
リラックスさせる

●活動をはじめる前には

交感神経をはたらかせ
体を活性化させる

●緊張しすぎた状態では

副交感神経をはたらかせ
緊張をおさえる

神経細胞

ニューロンとシナプス

これまでは、神経系《しんけいけい》の分類についてみてきたが、ここでは、神経系を構成する神経細胞《しんけいさいぼう》についてみてみよう。

神経細胞は、ニューロンともよばれる。人間の体に存在するニューロンの数は非常に多く、1000億個以上にもなる。ニューロンの中で、他のニューロンに接続している部分は、シナプスとよばれる。シナプスに情報《じょうほう》を送り込む側のニューロンをシナプス前《ぜん》ニューロンとよび、その情報の受け手になる側のニューロンをシナプス後《こう》ニューロンとよぶ。

神経細胞から神経細胞へ情報を伝えるプロセスは、「興奮《こうふん》の伝達《でんたつ》」とよばれる。多くの場合、シナプスから放出《ほうしゅつ》される化学物質《かがくぶっしつ》（たとえば、アセチルコリンやノルアドレナリンなど）を介して情報が伝達される。

中枢神経《ちゅうすうしんけい》を構成する神経の回路は、固定した構造ではなく、たえず変化をつづけている。情報を送り込む側であるシナプス前ニューロンがくり返し刺激《しげき》されると、シナプスの化学的変化などによって、シナプス伝達の効率が上がる。また、シナプスどうしの結合の仕方も、より情報を伝達しやすいように変化する。つまり、神経回路《しんけいかいろ》が構造的に変化するのだ。こうした変化を「シナプスの可塑性《かそせい》」とよぶ。

シナプスの可塑性は、運動を学習するときの基礎ともいわれている。スポーツの練習で同じ動きをくり返しつづけていると、その動きが起こる際のシナプス伝達の効率が上がり、シナプスの結合の仕方もその動きが行ないやすいように変化するのだ。このため、練習をすれば、より自動化された素早い動きが可能となるのである。

練習によって、今までできなかった動きができるようになる、よりうまくなる。それはこうした神経の変化によるものなのだ。

神経細胞

ニューロンとシナプス

神経細胞《しんけいさいぼう》(ニューロン)は他のニューロンとシナプスによってつながっている。

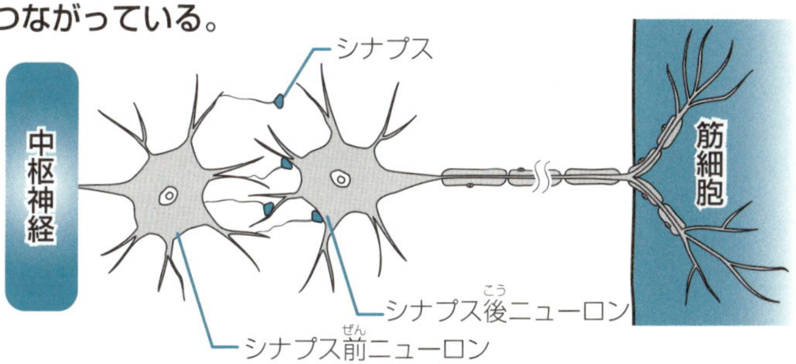

シナプスから放出される化学物質(アセチルコリン、ノルアドレナリンなど)によって情報が伝達される。

シナプスの可塑性《かそせい》

同じ動きをくり返しつづけていると

同じ運動をくり返しつづけることで、シナプスの伝達効率が上がる。またシナプスの結合の仕方も変化する。
このため、練習をくり返せば、スポーツはうまくなる。

情報処理のプロセス

スポーツ中の情報伝達

スポーツをするときに重要なことの一つは、特定の場面で何をすべきか、また何をするべきでないかということをすばやく決定し、その決定どおりに実行することである。そのプロセスはこうだ。

まず、情報《じょうほう》が人間に提示《ていじ》される。その情報にもとづいて、システム内の情報を処理《しょり》する段階が一連の活動を開始する。最終的に、出力として、スポーツのパフォーマンスが生まれるのだ。

人間が行なう情報処理には、いくつかの段階がある。一つめの段階では、刺激《しげき》(情報)があるのかどうか、あるとしたらそれがいったい何であるかを判断する。すなわち、「情報を分析《ぶんせき》する」段階がはじめにある。この段階では、角度や色などが組み合わさって一つの飛んでくるボールが描写されるように、刺激に関連する情報が組み立てられるのだ。この段階を「刺激同定段階《しげきどうていだんかい》」とよぶ。

「刺激同定段階」で、刺激に関する情報が分析されると、次にどのような運動を実行すべきかを決定しなければならない。飛んできたボールをどう処理すべきか、味方にパスを出す、自分でシュートするといった、いくつかの選択肢の中から一つが選ばれるのである。この段階は、「反応選択段階《はんのうせんたくだんかい》」とよばれる。

最後の段階では、運動を実施《じっし》するための運動システムを組織《そしき》することが課題となる。このシステムは、運動を実行する前に脳や脊髄《せきずい》に運動を行なうための準備をして、運動をコントロールする運動プログラムを検索・作成する。さらに、その運動を実行するために必要な力の大きさ、力を発揮する順序とタイミングなど、筋が収縮《しゅうしゅく》する条件を命令する。この段階を「反応《はんのう》プログラミング段階」とよぶ。

プレイ中、体はつねにこうした一連の情報処理を行なっているのだ。

情報処理のプロセス

ボールが来た

情報が提示されると

情報が受容器から入力される。

↓

刺激同定段階《しげきどうていだんかい》

刺激の情報を分析する。

ボールが来たぞ!

↓

反応選択段階《はんのうせんたくだんかい》

実行をする運動を選択する。

パスか? シュートか? よし、シュートだ!

↓

反応《はんのう》プログラミング段階《だんかい》

実行する運動のプログラムを作成する。

↓

実行

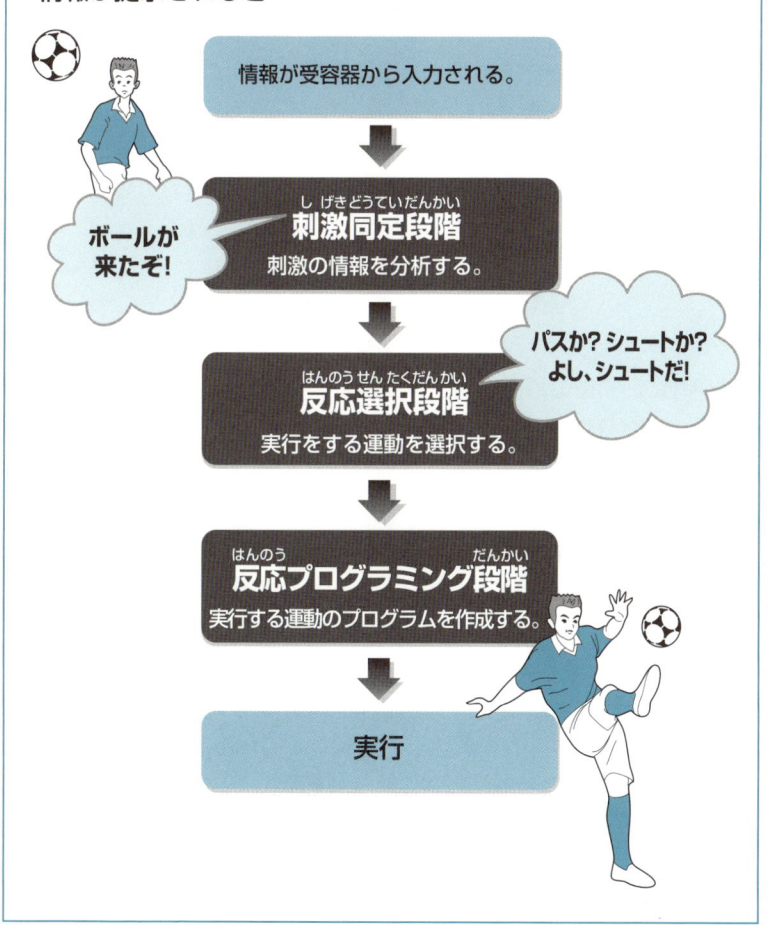

プレイ中の情報処理

パスからシュートまで

前項ではスポーツ中に情報《じょうほう》が処理《しょり》されるプロセスをみた。ここでは、この情報プロセスをサッカー場面におきかえてくわしく考えてみよう。

味方からパスが送られてきた場面を想像してほしい。まずパスが送られてきたことに気づく。そして、パスの強さ、ボールの回転、自分とボールとの距離を瞬間的《しゅんかんてき》に把握《はあく》する（刺激同定段階《しげきどうていだんかい》）。つづく反応《はんのう》選択段階《せんたくだんかい》では、次のプレイ（ここでは、シュートを打つこと）が決定される。最後に、軸足《じくあし》はどのあたりに置いたらよいか、コースはどのあたりを狙ったらよいか、ボールはどのくらいの強さが望ましいのか、といったことが中枢神経《ちゅうすうしんけい》から命令され、シュートが打たれるのだ。

この情報処理プロセスをもう一度確認してみよう。刺激同定段階の機能は、「刺激の検出《けんしゅつ》と同定《どうてい》」である。この段階は、われわれが意識しなくても行なわれる。次の反応選択段階の機能は、「反応の選択」である。この段階は意識して行なわれるときもあるし、意識を必要としないときもある。最後の、「運動の組織《そしき》と開始」が、反応プログラミング段階の機能である。この段階は、意識して行なわれる。

この情報処理プロセスから考えたとき、上手にプレイするためにはどのように練習すればよいのだろうか？ まず、選択できるプレイの数を増やすことである。練習でさまざまなプレイを試しておき、試合でその状況にあったプレイを選択できるようにする。また、練習を積むことによって、「自動的処理《じどうてきしょり》」を行なって反応できるようになることも大切だ。すなわち、刺激に対して意識することなく、自動的に素早く反応できるようにする。自動的処理は、同じ刺激がいつも同じ反応を起こす一貫した練習計画によって、身につけることができる。

これらを理解していれば、より効果的な練習を行なえるだろう。

情報処理の実際

サッカーでパスボールが来た

味方からのパスが送られてきた。

情報の入力

味方からパスが
送られてきた

パスが
来たぞ!

刺激《しげき》同定《どうてい》段階《だんかい》

パスの強さは…
周囲の状況は…

反応《はんのう》選択《せんたく》段階《だんかい》

パス、ドリブル
よしシュートだ

反応プログラミング段階

右足でコースを
定めて

出力

シュートを打つ

フェイントの秘密

フェイント動作の分析

バスケットボールの試合で、こんな光景を見たことがあるだろう。攻撃の選手がシュートを打つふりをして相手ディフェンスをかわし、次に実際にシュートをして得点を決めた。ディフェンスの選手は、最初のシュート動作《どうさ》につられて、ブロックしようとしてしまうため、実際のシュートをブロックできなくなってしまう。これは、攻撃側の選手のフェイントがみごとに決まった例である。しかし、わたしたちはフェイントというものを知っているにもかかわらず、なぜひっかかってしまうのだろうか？ くわしく見てみよう。

この例の場合、シュートを打つ選手は、①シュートを打つ動作、②それを止める動作、③実際にシュートを打つ動作の三つを含む複雑な運動をプログラムし、すばやくかつ連続して実行しているのである。一方、ディフェンスの選手は運動の最初の部分しかみることができないため、シュート動作のふりに反応《はんのう》してしまう。このために、実際のシュートをブロックするという正しい反応を実行するのが遅れてしまい、得点を決められてしまうわけだ。

フェイントを決めるためには、最初の動作と次の動作の間隔《かんかく》が、「短すぎず長すぎない」ということが大切だ。動作の間隔が短すぎると、ディフェンスの選手はフェイントに反応できず、実際のシュートに反応してしまう、また、動作の間隔が長すぎると、フェイントに反応したとしても、次の動作まで時間的なゆとりがあるために、実際のシュートにも、もう一度反応できるのだ。

これまでに行なわれた研究結果によると、フェイントをかけるための時間的間隔は、60ミリ秒～150ミリ秒の間であることが望ましいようだ。

フェイントを成功させるには

フェイントのプロセス

フェイント動作を分析してみると…

① シュートを打つ動作

② それを止める動作

③ 実際にシュートを打つ動作

この間隔が短すぎるとディフェンスが反応しない。

60ミリ秒〜150ミリ秒の間隔で行なうのが望ましい

ディフェンスの選手は最初の動作にしか反応できない。

注意とパフォーマンス

注意は一つにしか向けられない

バッターの注意《ちゅうい》が相手チームからのヤジに向いてしまい、ボールに集中できず三振してしまった。野球に限らず、どんなスポーツでもみられる場面だ。このように、「注意」はパフォーマンスに大きな影響を与える。ここでは、注意とパフォーマンスとの関係をみていこう。

多くの場合、注意はある情報《じょうほう》に向けられ、それから次の情報へというように、一つの情報に対して向けられ、二つ以上のことに対して、同時に向けることはとてもむずかしい。あるときは敵の動きを把握《はあく》するために注意が向けられることもあるし、自分が次にどんなプレイをしようかと考え、自分の内側に注意が向けられることもある。筋《きん》や皮《ひ》膚《ふ》から入ってくる感覚《かんかく》に注意が向くこともある。これらの注意はたいていの場合、同時にではなく順を追って向けられるのである。

サッカーを例にとって考えてみよう。右の図には、「相手のディフェンスに対応すること」と「パスを出すこと」という二つの課題に注意が配分される様子が示されている。この図によると、相手のディフェンスが単純でボールをとられる心配が少ないときは、相手に対して多くの注意を必要としない。そのため、パスを出すことに多くの注意を向けることができ、いいパスが出せる。反対に相手にうまくディフェンスされたときは、相手にボールをとられないように多くの注意が向けられる。そのため、パスを出すことに多くの注意を向けることができなくなり、いいパスが出せなくなる。

しかし、ひと言で「注意」といっても、同じ物ではない。サッカーの場合、自分がドリブルしているボールに対する注意と、それをパスする相手に向けた注意では種類が違う。次項ではこの「注意の種類」についてみてみよう。

注意

注意の対象は一つ

「注意」は瞬間的には一つの情報に向けられる。

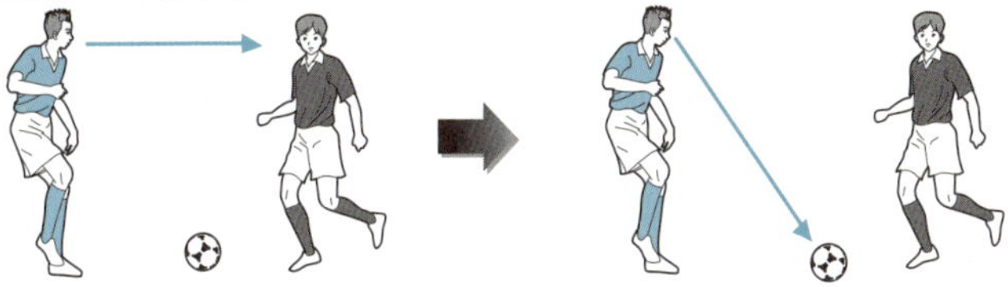

サッカー・パスでの注意の配分

一つのプレイ中でも、注意はさまざまな情報に向けられる。
その割合を調べてみると…

●相手ディフェンスが下手な場合

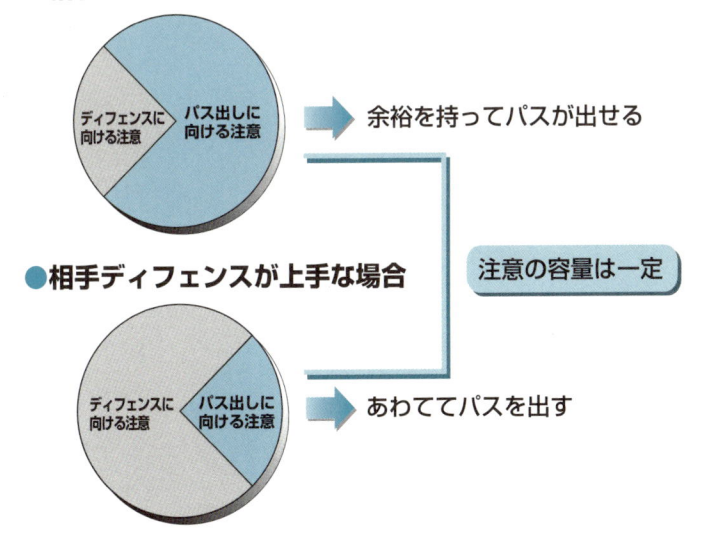

→ 余裕を持ってパスが出せる

●相手ディフェンスが上手な場合

→ あわててパスを出す

注意の容量は一定

注意の種類

受動的注意と能動的注意

前項では注意《ちゅうい》とパフォーマンスの間には、大事な関係があることを説明した。それでは、注意の種類にはどのようなものがあるのだろうか。

一般的に、注意には、無意識的《むいしきてき》にはたらく「受動的注意《じゅどうてきちゅうい》」と意識的にはたらく「能動的注意《のうどうてきちゅうい》」があるといわれる。受動的注意は、なんらかの刺激《しげき》に反応《はんのう》して、自動的にはたらく注意のことをいう。つまり、受動的注意は意識的にはたらかせる注意ではない。また、刺激に対して素早く作用《さよう》することも、この受動的注意の特徴である。

サッカーのシュート場面を例に考えてみよう。攻撃の選手が、キーパーのすぐ目の前からシュートを打ってきた。それに対して、キーパーが無意識的に反応してシュートを防いだとする。このような場面で、キーパーは、まさに受動的注意をはたらかせたのである。

能動的注意とは、注意を向けようという意識のもとにはたらく注意である。つまり、能動的注意は、意識的にはたらく注意である。こちらは、刺激に対する作用は遅い。たとえば、テニスをするときにはたらく能動的注意を考えてみよう。相手のサーブを受ける選手は、サーブを待っているときに、相手の体の方向やしぐさから、サーブをどんな方向から打ってくるのか、ボールの向かってくる方向を予測しようとするだろう。このとき、サーブを受ける選手は、能動的注意をはたらかせて、相手の状況を観察しているのだといえる。

注意の中に、無意識的にはたらく受動的注意があることからもわかるように、人間が情報《じょうほう》を処理《しょり》するときには、必ずしも意識は必要でない。逆にいえば、自分では注意を向けていないと考えている情報に対しても、実は無意識のうちに注意を配分しているのだ。

受動的注意と能動的注意

受《じゅ》動《どう》的《てき》注《ちゅう》意《い》

刺激に反応して、自動的にはたらく注意。

- 無意識にはたらく
- 刺激に対する反応ははやい

能《のう》動《どう》的《てき》注《ちゅう》意《い》

注意を向けようという意識のもとにはたらく注意。

- 意識的にはたらく
- 刺激に対する反応は遅い

スポーツ中はこの二つの注意が両方とも使われている。
つまり、意識していない情報に対しても注意を向けている。

注意の容量とパフォーマンス

上手な選手の注意

注意《ちゅうい》には、受動的注意《じゅどうてきちゅうい》と能動的注意《のうどうてきちゅうい》があることがわかった。それでは、人間が使うことができる注意の量は無限にあるのだろうか？ 残念ながら、われわれ人間がもっている注意の容量には、限界があるといわれている。また、どんな人でも、注意の容量は一定であることもわかっている。

私たちは、自分では注意を向けていないと考えている情報《じょうほう》に対しても、実は無意識《むいしき》のうちに注意を配分している。そのため、注意のすべてを意識的に使うことはできない。意識的に注意を向けることができる情報には限界があるのだ。では、注意の容量が一定だとすれば、上手な選手と下手な選手の違いは、どこから生まれるのだろうか？

右の図をみてほしい。これは、バスケットボールの試合中に、選手がシュートを打つときの注意の配分をしめしている。練習を積んでいる選手は、シュート動作《どうさ》を自動的に行なえるほどシュート練習をくり返しているので、シュートすること自体には多くの注意を払わなくてすむ。このために、味方の選手がどこにいるか、相手のディフェンスがどのようになっているかという、シュート以外のことに多くの注意を向けることが可能である。しかし、練習を積んでいない選手は、シュート動作を正確に行なうために多くの注意を払わなければならない。そのため、残された注意の容量はわずかしかなく、周囲の状況を正確に把握《はあく》することはむずかしい。

このことからもわかるように、容量に限りがある注意を有効に生かすには、試合で行なう動作を注意せずに行なえるよう、くり返し練習しておくことが大切だ。

注意と「うまい」「へた」

注意の容量

人間がもっている注意の容量には限界がある。
どんな人でも注意の容量は一定。
しかし…

練習量による違い

バスケットボールでシュートを打つプレイ中の注意の配分をくらべると…

●練習を積んでいる選手

シュート動作はほぼ自動的に行なえる

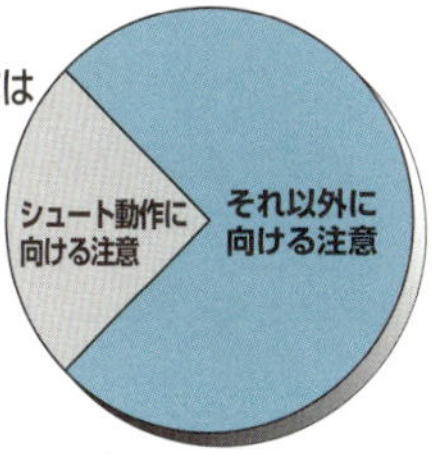

味方の位置や相手のディフェンスに多くの注意を向けられる。

●練習を積んでいない選手

注意しないとシュートが打てない

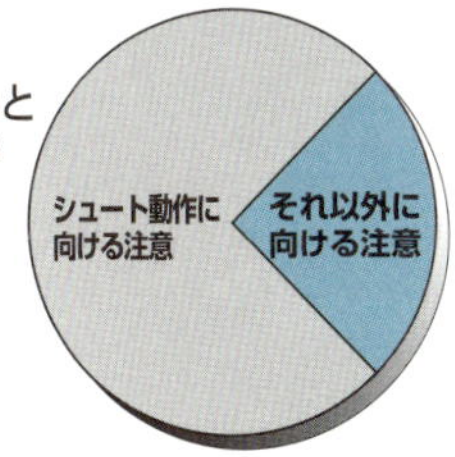

味方の位置や相手のディフェンスに多くの注意を向けることができない。

このため練習を積んでいない選手は味方とのうまい連携ができないし、相手ディフェンスをかわすことも難しい。

覚醒とパフォーマンス

最適な「興奮」とは

1点差で負けている試合の9回裏、チャンスで打順がまわってきた。もちろん大事な場面、気持ちが興奮《こうふん》して緊張《きんちょう》している。素振りをしても、力が入りすぎていていつものスイングができていないことが自分でもわかる。しかし、「まずい、リラックスしないと…」と思えば思うほど緊張してくる。監督の「リラックスしていけ！」というアドバイスも、「やっぱり緊張しているようにみえるのかな」と思えてしまい、よけいに緊張を高めてしまう。結局、緊張してガチガチになった選手は、自分のスイングができず、凡打してしまう。このように、興奮や緊張は、スポーツと切り離せない。ここでは、スポーツのパフォーマンスに影響をあたえる「覚醒《かくせい》」についてみてみよう。

覚醒とは、中枢神経系《ちゅうすうしんけいけい》がどれだけ活発《かっぱつ》にはたらいているかを意味する。つまり、「どれだけ興奮しているか」といいかえることもできる。この覚醒のレベルが、スポーツのパフォーマンスで、次のプレイを決定する判断のスピードやそのプレイの正確さに影響するのだ。

覚醒がパフォーマンスに与える影響は、「逆《ぎゃく》U字原理《じげんり》」として知られている。覚醒レベルが低い水準からしだいに上昇するにつれて、パフォーマンスもよくなるが、「ある水準」に至ると止まってしまい、そこからは逆に悪くなってしまう。つまり、パフォーマンスの質は、中程度の覚醒の時にピークに達するが、覚醒レベルがさらに高くなると、今度は逆に低下しはじめるのである。

監督やコーチは、選手の覚醒レベルが高いほどパフォーマンスも向上すると考えがちだ。しかし、監督やコーチにもとめられるのは、選手の覚醒レベルをただ上げるのではなく、パフォーマンスの質が最高になるような、最適な覚醒レベルにもっていくことなのだ。

覚醒とパフォーマンス

覚醒

覚醒《かくせい》とは中枢神経《ちゅうすうしんけい》がどれだけ活発にはたらいているか（興奮《こうふん》、緊張《きんちょう》しているか）を意味する。

覚醒しすぎていても
よくない

逆U字原理

覚醒のレベルとパフォーマンスには深い関連がある。

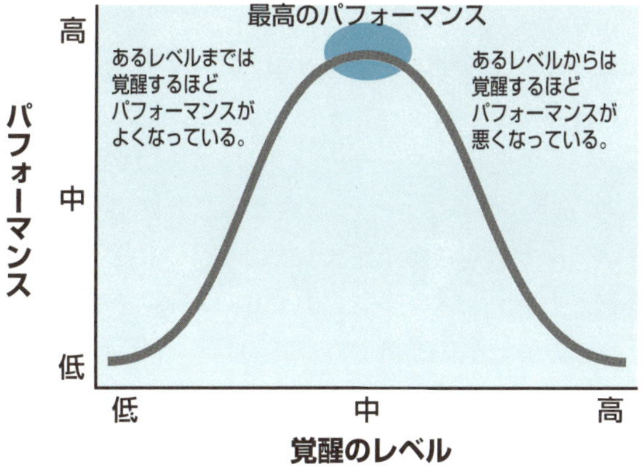
最高のパフォーマンス
あるレベルまでは
覚醒するほど
パフォーマンスが
よくなっている。
あるレベルからは
覚醒するほど
パフォーマンスが
悪くなっている。
パフォーマンス
高
中
低
低
中
高
覚醒のレベル

ただ興奮、緊張するのではなく、最適な覚醒レベルになることが大切。

スポーツに適した覚醒レベル

もとめられる覚醒レベルの違い

覚醒《かくせい》レベルがパフォーマンスにおよぼす影響は、もとめられるパフォーマンスの種類によって左右される。たとえば、アーチェリーや射《しゃ》撃《げき》のように、筋《きん》のこまかいコントロールが必要なスポーツや、バスケットボールのポイントガードのように次のプレイを選択する大事な判断がもとめられる場合は、右の図にあるように、最適な覚醒水準《かくせいすいじゅん》は逆《ぎゃく》U字《じ》曲線《きょくせん》の左へ移動する。覚醒が高い場合だけでなく、覚醒が中程度であっても筋のこまかなコントロールやプレイの選択をさまたげるのである。その反対に、砲丸《ほうがん》投《な》げや重量挙《じゅうりょうあ》げのように、筋のこまかいコントロールやプレイの選択を必要としないスポーツもある。このようなスポーツでは、高い覚醒レベル（より緊張している状態）でもパフォーマンスは悪くならない。

また、同じスポーツでも、ポジションによって最適な覚醒レベルは違ってくる。もとめられるパフォーマンスは、ポジションによって異なるからだ。たとえば、アメリカンフットボールのクォーターバック（パスを出す選手）は、プレイを選択することが重要なため、やや低めの覚醒レベルであることが望ましいだろう。しかし、相手の攻撃をくい止めるディフェンスラインの選手は、最高のパワーを発揮しなければならないので、高い覚醒レベルにあることが望ましい。したがって、行なうスポーツやそこでのポジションでは、どのようなプレイがもとめられるのかを考えて、そのプレイにあった最適な覚醒レベルをつくり出すことが大切だ。

さらに、覚醒レベルの上昇のしやすさには、個人差があるといわれる。選手は、自分が覚醒しやすいタイプなのか、なかなか覚醒しないタイプなのかを理解しておくことが望ましい。

覚醒レベルとパフォーマンス

最適な覚醒とは

もとめられるパフォーマンスによって、最適な覚醒《かくせい》レベルは変わる。

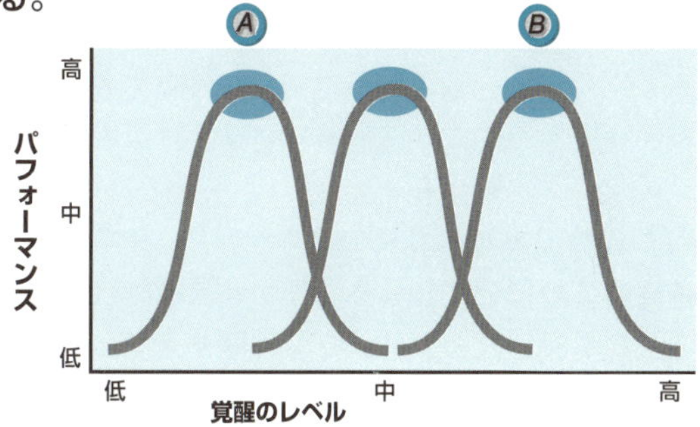

A 覚醒のレベルが低い

●複雑な筋のコントロールが必要なスポーツ

アーチェリー、射撃など

●複雑な判断力が必要とされるポジション

アメリカンフットボール:クォーターバック
バスケットボール:ポイントガード　など

B 覚醒のレベルが高い

●単純だが最高のパワーを必要とするスポーツ

砲丸投げ、重量挙げなど

●最高のパワーを必要とするポジション

アメリカンフットボール:ディフェンスラインなど

リラクセーション

リラックスするための技術

一般に、スポーツ場面における選手の覚醒《かくせい》レベルは、高すぎることが多いといわれる。このため、試合前の興奮《こうふん》、緊張《きんちょう》を弱め、覚醒レベルを下げる手段として、リラクセーション技法が活用されはじめている。ここでは、いくつかのリラクセーション技法の中で重視されている「呼吸《こきゅう》」について説明しよう。

神経系《しんけいけい》のところでみたように（62ページ）、自律神経《じりつしんけい》は、交感神経《こうかんしんけい》と副交感神経《ふくこうかんしんけい》の二つに分けられる。呼吸と自律神経の関係は、これまでの研究で、息を吸ったときには交感神経が活発になり、反対に息を吐いたときには副交感神経が活動することがわかっている。

このことから、息を吐くことに注意《ちゅうい》を集中することで、リラクセーションが得られることがわかる。呼吸をコントロールすることは、自律神経をコントロールすることであり、ひいては覚醒のレベルをコントロールすることにもつながるだろう。

当然のことだが、リラクセーション技法は、興奮や緊張が高まりすぎているとき、つまり覚醒レベルが高すぎるときに行なうべきで、リラックスしているときに行なっても意味がない。そのときの覚醒状態にあった技法を用いることが大切だ。覚醒レベルの高低がパフォーマンスにプラスとマイナスの影響を与えることは、みてきたとおりである。

リラクセーション技法が重要なのは、選手に限ったことではない。監督・コーチの意思決定《いしけってい》は、チームや選手にとって非常に重要である。選手だけでなく、監督・コーチも最適な覚醒レベルを保てるように、リラクセーション技法などを用いて覚醒レベルをコントロールすべきであろう。

呼吸によるリラクセーション

自律神経《じりつしんけい》と呼吸

●リラックスしているとき

副交感神経《ふくこうかんしんけい》が強くはたらく。
心拍数、呼吸数が減少する。
手足など末端の血管が拡張し温かくなる。

●緊張しているとき

交感神経《こうかんしんけい》が強くはたらく。
心拍数、呼吸数が増加する。
手足など末端の血管が縮小し冷たくなる。

●リラックスしすぎているとき

息を吸うことに集中した呼吸やほおをたたくなどして、交感神経をはたらかせる。

●緊張しすぎているとき

息を吐くことに集中した呼吸で副交感神経をはたらかせる。

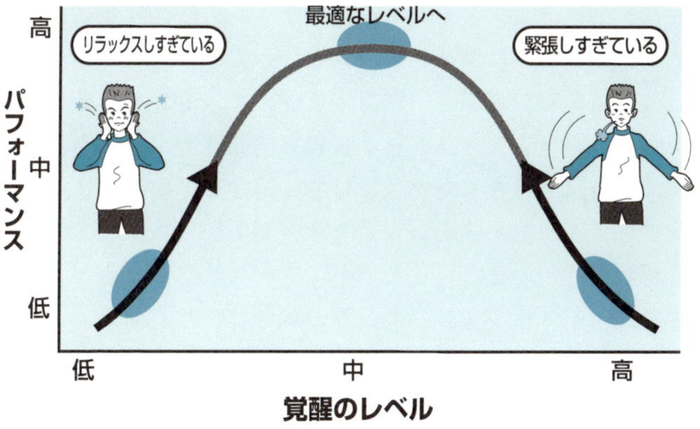

そのときの覚醒状態によって、適切な覚醒レベルになる技法を用いよう。

イメージトレーニング

イメージトレーニングを効果的に行なうコツ

イメージトレーニングという言葉を聞いたことがあるだろうか？イメージトレーニングとは、イメージを利用したトレーニング方法であり、「頭の中で、運動の場面や運動したときの感覚《かんかく》をくり返し思い浮かべるトレーニング」だといえるだろう。実際に体を動かすトレーニングほどではないが、イメージトレーニングが、パフォーマンスを向上させるのに有効であることがわかっている。

イメージトレーニングの便利なところは、トレーニングを行なう場所を選ばないところである。イメージトレーニングは電車に乗っているときや、ベッドの中でもできる。また、ケガをしてしまい、実際に体を動かせないときでも実施《じっし》可能である。

イメージトレーニングを効果的に行なうために、注意してほしいことがある。それは、パフォーマンスを「みているイメージ」を思い浮かべるのではなく、パフォーマンスを「行なっているイメージ」を思い浮かべるということである。これまでの研究で、みているイメージでトレーニングを行なったときよりも、行なっているイメージでトレーニングを行なったときの方が、イメージトレーニングの効果が大きいことがわかっている。

もちろん、イメージトレーニングだけでは、パフォーマンスが十分に向上するとはいえない。イメージトレーニングと体を実際に使ったトレーニングを交互に行なうことで、パフォーマンスは向上するのだ。これまで、イメージトレーニングというと、一般のスポーツ選手にとってはなじみがなかったかもしれないが、ぜひとも、すべてのスポーツ選手にイメージトレーニングの実施を勧めたい。

イメージトレーニングのやり方

イメージトレーニングとは

「頭の中で運動の場面や運動した感覚を思い浮かべる」トレーニング。

↓

パフォーマンス向上に効果がある。

イメージトレーニングのこつ

○

自分がパフォーマンスを行なっているイメージ

×

自分のパフォーマンスをみているイメージ

自分がパフォーマンスを行なっているイメージを思い浮かべたほうが、イメージトレーニングの効果が大きい。

↓

実際に体を動かすトレーニングと交互に行なうと、効果は倍増する。

スポーツがうまくなるには

「スポーツがうまい」ための要素

これまでに、「神経系《しんけいけい》」、「情報処理《じょうほうしょり》」、「注意《ちゅうい》」、および「覚醒《かくせい》」と、スポーツのパフォーマンスとの関係を見てきた。では、スポーツがうまくなるにはどうしたらよいか、もう一度おさらいしてみよう。

練習で、あるパフォーマンスをくり返し行なうとシナプスが変化して、パフォーマンスの実施《じっし》に必要な情報がスムーズに伝達《でんたつ》するようになる。情報が自動的に処理されるようになるためだ。

そうすると、そのパフォーマンスを発揮するのに、多くの注意を必要としなくなる。注意の容量には限界があるため、このことはとても好都合である。味方の位置や相手のディフェンスといった周囲の状況に注意を向けることができるようになり、パフォーマンスをよりよく発揮できるようになる。

また、注意に影響をおよぼす覚醒は、ただ高ければよいというわけではなく、「逆《ぎゃく》U字《じ》原理《げんり》」でみたように、中程度の覚醒レベルが最適であることがわかった。この中程度とは、パフォーマンスの種類によって変化する。必要とされるプレイによって覚醒レベルが異なること、覚醒レベルをコントロールするためのリラクセーション技法についても説明した。最後に、イメージトレーニングも紹介した。

こうしてみてみると、これまでに学んできたことがお互いに関係していることがわかるだろう。スポーツがうまい人は、これらの要素をうまく循環《じゅんかん》させているのだ。あなたがもし、もっとスポーツがうまくなりたいと思っているなら、今すぐうまくなるための努力をはじめてほしい。まずは、自分がとり組みやすい要素から変えていくことである。スポーツがうまくなったイメージをもって、がんばってほしい。

うまくなるためのプロセス

くり返し練習する

↓

神経系が変化する

↓

パフォーマンスが意識せず
行なえるようになる

↓

パフォーマンス以外（周囲の状況）
にも注意がはらえるようになる

＋

最適な覚醒を保つ

＋

イメージトレーニングをくり返す

↓

うまいスポーツ選手の誕生

ウォークラリー

ウォークラリーは、グループでコマ図に記されたコースを順番どおりに歩き、チェックポイントで出された課題を解きながらゴールをめざすゲームだ。

コースの距離には規定がないので、参加者の体力や実施する場所、目的に合わせて設定することができる。また、コース図は地図ではなく、スタート地点や進行方向、分岐点だけを示したコマ図だから、正しい道を探しながら歩くという楽しみがある。

得点は時間とチェックポイントで出される課題の達成度で決める。時間は早くゴールすることを競うのではなく、規定時間との誤差で決めるが、規定時間を参加者に採点の時点で教える方法もある。

ウォークラリーの楽しみは高得点を得ることではなく、グループ内でコミュニケーションをとりながら、コースの風景、自然観察、街の観察などを楽しむことだ。そのためには、参加者に適したコース、課題の選定が大切である。

ウォークラリーは健康のためだけでなく、青少年教育などさまざまな目的のために行なわれている。

第4章

スポーツとエネルギー

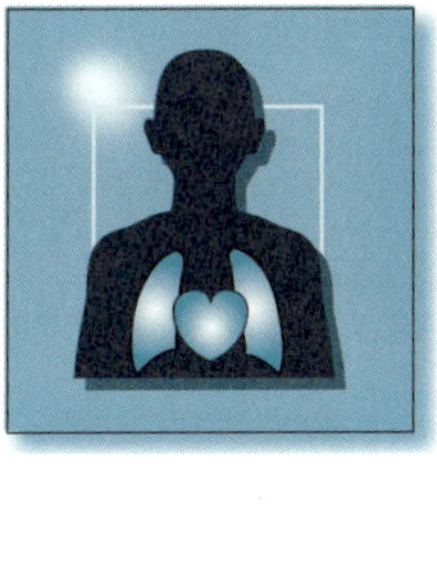

スポーツをするときに必要になるエネルギー

体のエネルギー「ATP」

この章では、人間がスポーツを含めた生命活動《せいめいかつどう》を行なうのに必要となる、エネルギーについて解説しよう。

人間が生命活動を行なううえで必要とするエネルギーとは、どのようなものだろう。また、そのエネルギーをどのようにつくりだし（産《さん》生《せい》）、どのように使っている（消費《しょうひ》）のだろうか。

人間が身体活動《しんたいかつどう》を行なうためには、おもに筋《きん》を動かす（収縮《しゅうしゅく》させる）必要があり、そのためには、アデノシン三リン酸《さん》（ATP）という物質の分解《ぶんかい》による化学エネルギーが必要となる。このATPという物質は、筋の中にあらかじめ貯蔵されているが、その量はごくわずかなので、筋の中にあるATPだけでは1秒程度しか筋を動かすことができない。したがって、スポーツをする、つまり筋を動かしつづけるためにはこのATPを分解しながら、同時に産生する必要があるわけだ。

人間の体がこのATPを産生するためには、主に糖質《とうしつ》と脂肪《しぼう》など（エネルギー源）と酸素《さんそ》が必要となる。これらを体内に取り込む役割を担《にな》っているのが食事と呼吸《こきゅう》、心臓を中心とした血液の流れ（循環《じゅんかん》）である。呼吸によって酸素を、食事によってエネルギー源を体内に取り込み、血液によって筋などの各組織《かくそしき》に供給《きょうきゅう》している。そして筋では、ATPを分解して筋を動かすためのエネルギーを作り出し、同時にATPをすみやかに産生しているのだ。

人間がスポーツを行なうときには、普段より多くのエネルギーが必要になる。つまり、ATPの分解と産生が増加する。したがって、スポーツを行なっているときには、より多くの酸素を体内に取り込み、筋に酸素を供給する必要があるため、呼吸が荒くなり、心臓の動きが速くなり、体内のエネルギー源が少なくなるのである。

筋を動かすエネルギー「ATP」

ATP(アデノシン三リン酸)

ATP(アデノシン三リン酸)が分解するときに
発生する化学エネルギーによって、筋が動く。

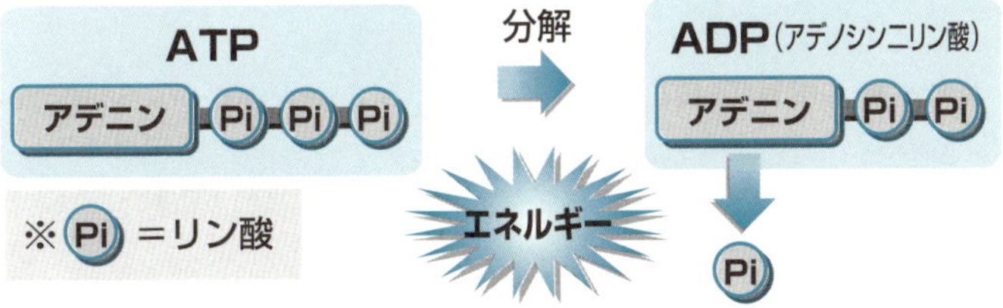

※ Pi ＝リン酸

体内にたくわえられたATPの量は少ないので、筋を動かしつづけるには、ATPを分解しながら産生《さんせい》しなければならない。

ATPの原料

エネルギー源
(糖質《とうしつ》＋脂肪《しぼう》など)
＋
酸素《さんそ》
↓
ATP

食事
エネルギー源を取り込む。

呼吸《こきゅう》
酸素を取り込む。

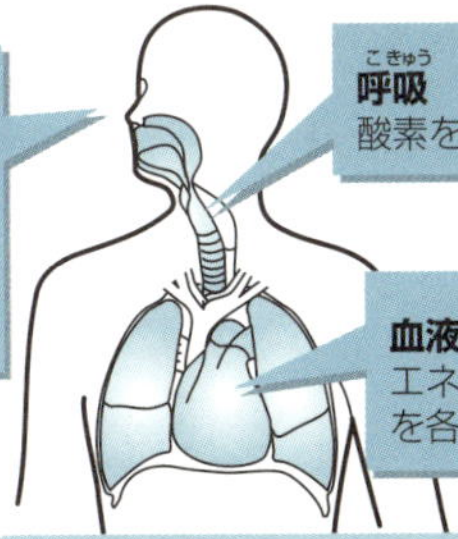

血液の循環《じゅんかん》
エネルギー源、酸素を各組織に供給する。

筋肉でATPを産生

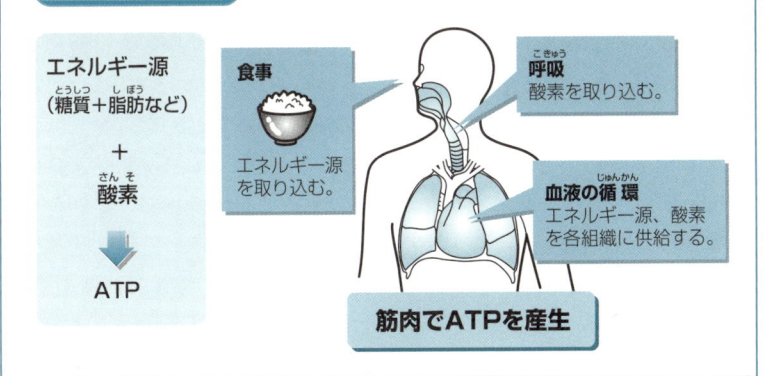

呼吸と循環

血液が酸素・二酸化炭素を運ぶ

身体活動《しんたいかつどう》に必要とされるエネルギー、ATP（アデノシン三リン酸）の分解《ぶんかい》と産生《さんせい》が行なわれるうえで、呼吸《こきゅう》と血液の循環《じゅんかん》は重要な役割を担《にな》っている。呼吸と血液の循環の目的（役割）は、酸素《さんそ》とエネルギー源を体のすみずみに供給《きょうきゅう》することと、ATP産生の結果生じる二酸《にさん》化炭素《かたんそ》と老廃物《ろうはいぶつ》を排出《はいしゅつ》・除去《じょきょ》することである。

空気中に存在する酸素は、口から取り込まれ気管《きかん》から気管支《きかんし》へと送られ肺の中に入る。肺の中へ入った酸素は血液中のヘモグロビンと結《けつ》合《ごう》し、心臓のはたらきによって筋肉《きんにく》などの各組織《かくそしき》に運搬《うんぱん》される。各組織までたどり着いた血液中のヘモグロビンはそこで酸素を離し、ATPの産生が行なわれた結果生じる二酸化炭素と結合して肺に戻り、二酸化炭素を離し再び酸素と結合する。これが延々とくり返されているのだ。つまり、肺と各組織でそれぞれ、酸素と二酸化炭素の交換が行なわれているということになる。肺における酸素と二酸化炭素の交換を肺呼吸《はいこきゅう》、あるいは外呼吸《がいこきゅう》とよぶ。また各組織における酸素と二酸化炭素の交換を組織呼吸《そしきこきゅう》、あるいは内呼吸《ないこきゅう》とよんでいる。

スポーツを行なっているときには、ATPの分解と産生が増加するわけだから、多くの酸素を体内に取り込み、同時にATP産生の結果生じた二酸化炭素を体外に排出する必要がある。したがって、スポーツを行なっているときには呼吸が多くなり肺のはたらきが活発になる。また、取り込んだ酸素を体のすみずみにまで供給し、二酸化炭素を回収《かいしゅう》してくる必要があるから、より多くの血液を循環させる必要があり、心臓のはたらきが活発になる。つまり心拍数《しんぱくすう》などが増加する。

このように、呼吸や心臓のはたらきを中心とする血液の循環は、ATPの分解および産生と密接に関係している。

呼吸のしくみ

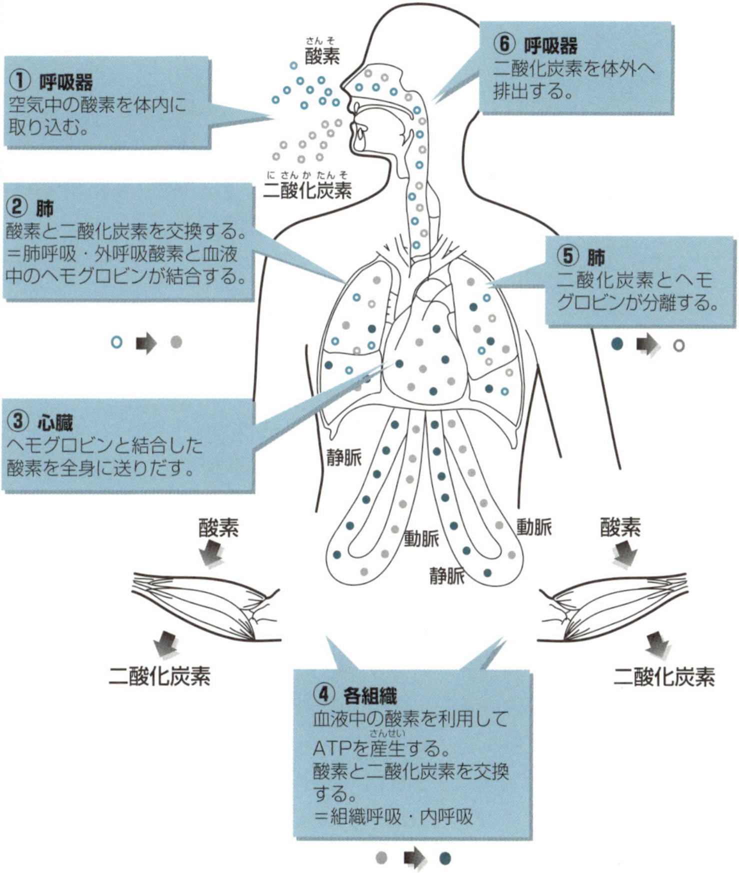
酸素《さんそ》
二酸化炭素《にさんかたんそ》
① 呼吸器
空気中の酸素を体内に取り込む。
② 肺
酸素と二酸化炭素を交換する。
＝肺呼吸・外呼吸酸素と血液中のヘモグロビンが結合する。
③ 心臓
ヘモグロビンと結合した酸素を全身に送りだす。
④ 各組織
血液中の酸素を利用してATPを産生《さんせい》する。
酸素と二酸化炭素を交換する。
＝組織呼吸・内呼吸
⑤ 肺
二酸化炭素とヘモグロビンが分離する。
⑥ 呼吸器
二酸化炭素を体外へ排出する。
静脈
動脈
動脈
静脈
酸素
酸素
二酸化炭素
二酸化炭素

スポーツ中はATPの産生が多くなるため、呼吸や心臓による血液の循環が激しくなる。

心臓のはたらき

体のすみずみまで血液を届けること

肺で酸素《さんそ》と結合《けつごう》したヘモグロビンを含んでいる血液を、全身に送り出すポンプの役目をしているのが心臓だ。心臓の大きさは、だいたい自分の握りこぶしほどの大きさであるといわれている。重さは約200gから300gといったところだ。

心臓のポンプ作用《さよう》のことを拍動《はくどう》とよんでいる。そして1分間の拍動数が心拍数《しんぱくすう》だ。1回の拍動で送り出される血液の量（一回拍出量《いっかいはくしゅつりょう》）は約80mℓであるといわれているから、安静時に心拍数が1分間に60回の場合、およそ5ℓもの血液を送り出しているということになる。この1分間に送り出される血液の量のことを心拍出量《しんぱくしゅつりょう》とよんでいる。つまり、心拍出量は一回拍出量×心拍数という式であらわされる。

運動時にはより多くのATPを産生《さんせい》する必要があるため、多くの酸素が必要になるわけだが、ヘモグロビンと結合して心臓から送り出される血液の中に含まれる酸素の量は、安静時も運動時も変わらない。そのため、運動時においては心拍出量を多くする必要がある。しかし、一回拍出量は運動開始と共に増加を示すが、ほぼ一定の値で落ち着くことが知られている。したがって、運動時には心拍数が増加するのだ。運動時の心拍出量はなんと25ℓから、30ℓに及ぶともいわれている。

心臓から送り出された直後の、血液の流れの速度は約1800m/hほどだといわれているが、体の末端では、その速度が1.8m/hほどにまで低下する。なぜなら、筋《きん》などの体の各組織《かくそしき》に十分な酸素や栄養を届け、二酸化炭素《にさんかたんそ》や老廃物《ろうはいぶつ》をしっかり受け取るため、体の末端で、血液はあっさり通りすぎるわけにはいかないのだ。

血液を送り出す「心臓」

心臓のしくみ

心臓は、酸素《さんそ》と結合したヘモグロビンを含んだ血液を全身へ送り出す。

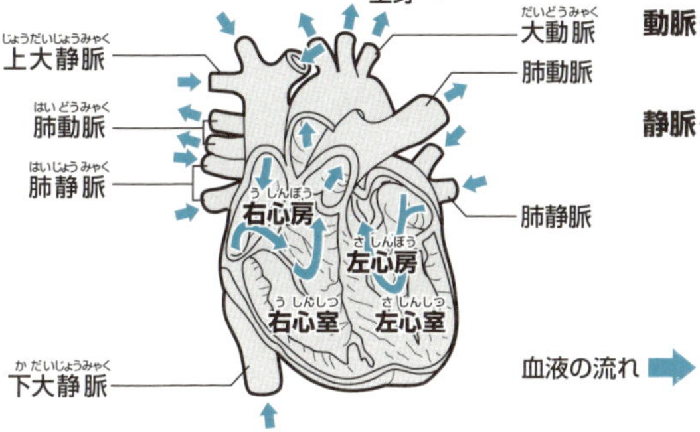

動脈…心臓から全身へ血液を送り出す。

静脈…全身から心臓へ血液を戻す。

スポーツと心臓

1回の拍動《はくどう》で送り出される血液の量
一回拍出量《いっかいはくしゅつりょう》 × 拍動の回数
心拍数《しんぱくすう》 ＝ 心拍出量《しんぱくしゅつりょう》

スポーツ中はATP産生《さんせい》のため多くの酵素が必要となる。

しかし… ↓

血液中の酸素の量、一回拍出量はほぼ一定。

だから… ↓

心拍数が増えることで、大量の酸素を筋へ送り出す。

酸素摂取量

酸素の量と消費エネルギー

心臓から送り出される血液にはどのくらいの酸素が含まれており、エネルギーをつくるために消費されるのだろうか。

安静時において心臓から送り出される血液、つまり動脈血《どうみゃくけつ》100mℓ中には約20mℓの酸素《さんそ》が含まれており、筋肉《きんにく》などの各組織《かくそしき》から心臓に戻ってくる血液、つまり静脈血《じょうみゃくけつ》100mℓ中には約15mℓの酸素が含まれている。動脈血に含まれる酸素の量と、静脈血に含まれる酸素の量との差を動静脈酸素較差《どうじょうみゃくさんそかくさ》とよび、筋肉などの各組織において酸素が使われたおおよその量をあらわしている。

動静脈酸素較差は安静時よりも運動時に多くなる。運動時には筋などの各組織がより多くの酸素を必要としているからだ。この体内に取り込まれた酸素の量を酸素摂取量《さんそせっしゅりょう》とよんでいる。また、筋肉などでATPを産生《さんせい》するために酸素が使われる場合、酸素1ℓあたり約5kcalの熱量《ねつりょう》が発生することになる。このことから、酸素摂取量がわかれば、運動でどの程度エネルギーが消費されたのかわかるのだ。

酸素摂取量を調べるときには、動静脈酸素較差だけではなく、心臓から送り出された血液の量を知る必要がある。つまり、心拍出量《しんぱくしゅつりょう》に動静脈酸素較差を乗じる必要があるわけだ。安静時における心拍出量は（個人差があるが）、1分間に5ℓ～7ℓ程度なので、およそ250mℓ程度の酸素が摂取《せっしゅ》されている（使われている）ことになる。一方、激しい運動時では（個人差があるが）、1分間に約3ℓの酸素が使われることになる。1ℓの酸素が使われる時には約5kcalの熱量が発生するから、この運動では1分間に15kcalのエネルギーを消費しているということになる。したがって、この運動を10分間つづければ150kcalのエネルギーが消費されるわけだ。

血液と酸素

血液中の酸素量

安静時には

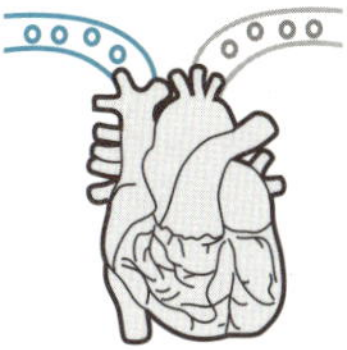

静脈《じょうみゃく》
100mℓあたり
15mℓ

動脈《どうみゃく》
100mℓあたり
20mℓ

動脈と静脈の酸素量《さんそりょう》を比較すると体内で消費した酸素量（酸素摂取量《さんそせっしゅりょう》）がわかる。

酸素摂取量

酸素摂取量＝

動脈血《どうみゃくけつ》の酸素の量―静脈血《じょうみゃくけつ》の酸素の量
＝動静脈酸素較差《どうじょうみゃくさんそかくさ》
（筋などに取り込まれた酸素の量）

×

心臓から送り出された酸素の量
＝一回拍出量《いっかいはくしゅつりょう》

●酸素摂取量から運動量がわかる

1ℓの酸素が取り込まれると5kcalの熱が発生する。

例えば1分間に3ℓの酸素摂取量の運動は…

3ℓ × 5kcal ＝ 15kcalのエネルギーを消費

酸素摂取量の測定方法

呼吸を利用する

酸素摂取量《さんそせっしゅりょう》を求めるために必要な動静脈酸素較差《どうじょうみゃくさんそかくさ》や心拍出量《しんぱくしゅつりょう》を実際に測定するのは非常に難しい。心拍出量を測定するためには大がかりな装置が必要となり、動静脈酸素較差を測定するためには心臓の近くから血液を採取《さいしゅ》する必要があるのだ。では、運動中に酸素摂取量を測定するのは不可能なのだろうか。

実は呼吸《こきゅう》を利用することによってそれができるのだ。

呼吸によって1分間に出し入れされた空気の量のことを、肺換気量《はいかんきりょう》とよんでいる。安静時の肺換気量は約7ℓ程度である。新鮮な空気の中には約20.9%の酸素が含まれているのだが、口から吐き出された空気（呼気《こき》）の中には約16%～18%の酸素が含まれている。つまり、吸い込まれた空気（吸気《きゅうき》）と呼気の中に含まれる酸素の差は、約2～4%ということになり、この差は、体の中の各組織《かくそしき》で使われたおおよその酸素量ということになり、つまり、肺換気量と呼気に含まれる酸素の割合がわかれば、酸素摂取量がわかることになる。肺換気量に吸気と呼気の酸素濃度の差を乗じれば良いのだ。

運動時の肺換気量は70ℓ～180ℓにまで増加するといわれている。例えば、ある運動を行なったときの肺換気量が約100ℓ、酸素の濃度《のうど》の差が約3%だとすると、酸素摂取量は1分間に約3ℓということになる。1ℓの酸素が使われるときには、約5kcalの熱量《ねつりょう》が発生するから、この運動では1分間に15kcalのエネルギーを消費したわけだ。

運動が激しくなればなるほど、酸素摂取量は増加する。しかし、同じ運動を行なったときの酸素摂取量には個人によってばらつきがある。また、酸素摂取量には各個人によってそれぞれ限界点があり、その限界点のことを最大酸素摂取量《さいだいさんそせっしゅりょう》とよんでいる。

酸素摂取量を測定する

酸素《さんそ》摂取量《せっしゅりょう》を測定するには大がかりな装置が必要だが、呼吸を利用して測定することができる。

肺換気量

肺換《はいかん》気量《きりょう》とは1分間に体内から出し入れされた空気の量
＝一回換《いっかいかん》気量《きりょう》×1分間の呼吸数《こきゅうすう》

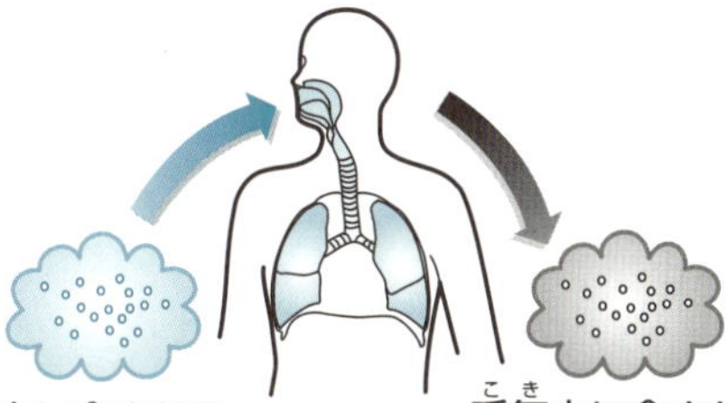

空気中に含まれる酸素の割合　20.94%　－　呼気《こき》中に含まれる酸素の割合　16～18%　＝　濃度差 2～4%

↓

体内に取り込まれた酸素の割合

だから…

酸素摂取量 ＝ 肺換気量（一回換気量×呼吸数）×吸気と呼気の酸素濃度の差

酸素摂取量の限界を「最大酸素《さいだいさんそ》摂取量《せっしゅりょう》」という。

エネルギー消費量を測定する

運動時の肺換気量が100ℓ、酸素濃度の差が3%ならば、

100ℓ　×　3%（0.03）　＝　3ℓ 酸素摂取量

1ℓの酸素からは約5kcalの熱量が発生するから、

この運動では15kcalのエネルギーを消費

最大酸素摂取量とは？

肺、心臓、筋の機能の総合評価

最大酸素摂取量《さいだいさんそせっしゅりょう》は、各個人が体内に取り込むことのできる酸素摂取《さんそせっしゅ》量《りょう》の最大限界のことである。つまり最大酸素摂取量の値が大きければ大きいほど、呼吸循環《こきゅうじゅんかん》機能《きのう》がすぐれているということになる。最大酸素摂取量は持久的能力《じきゅうてきのうりょく》を評価する指標《しひょう》や運動強度《うんどうきょうど》を設定するうえでの基準値《きじゅんち》として利用されている。

前に説明したように、酸素摂取量は心拍出量《しんぱくしゅつりょう》と動静脈酸素較差《どうじょうみゃくさんそかくさ》との関係であり、また、肺換気量《はいかんきりょう》と吸気《きゅうき》と呼気《こき》に含まれる酸素の割合の差との関係によって算出される。だから心臓や肺、さらには筋《きん》などの組織《そしき》のはたらきが優れているほど、最大酸素摂取量が高い値を示すわけだ。

最大酸素摂取量の大きさを決定する要因については、従来からさまざまな研究が行われてきており、その結果から心拍出量が最も主要な要因であることが明らかになってきている。心拍出量は、心臓が大きい人ほど多い。マラソンランナーなど最大酸素摂取量が大きい人は一般の人に比べ心臓が大きいのである。また、心臓も筋なので（36ページ）、持久的なトレーニングを行なうことによって大きくなる。その結果、最大酸素摂取量も大きくなるわけだ。

最大酸素摂取量は、持久的能力を評価するために利用される指標だが、年齢を重ねると共に低下することが知られている。このことから、最大酸素摂取量の低下が持久的能力の低下を引き起こすことが予想される。しかし、実際には持久的トレーニングを継続させることによって、最大酸素摂取量が年齢にともない低下しても、筋肉において酸素を効率よく利用することが可能となるので、最大酸素摂取量の低下＝持久力の低下、というわけではない。

最大酸素摂取量

最大酸素摂取量《さいだいさんそせっしゅりょう》は持久的能力《じきゅうてきのうりょく》を評価する指標《しひょう》となる。

最大酸素摂取量の決め手

●肺の機能　●心臓の機能　●筋などの組織の機能

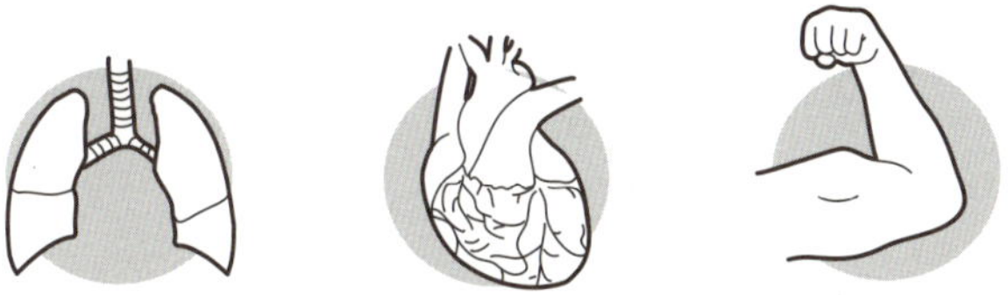

一番の決定要因は心拍出量《しんぱくしゅつりょう》(一回拍出量《いっかいはくしゅつりょう》×心拍数《しんぱくすう》)。

心臓と心拍出量

●心拍出量は心臓が大きいほど多い

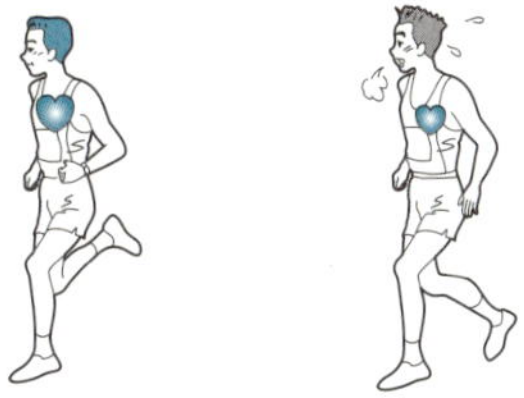

マラソンランナーは
一般人と比べて
心臓が大きい

●心拍出量はトレーニングで増える

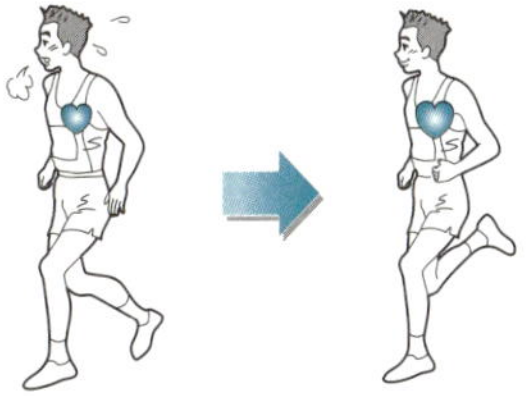

心臓も筋なので
トレーニングで
大きくなる

酸素摂取量と心拍数の関係

運動中の酸素摂取量と心拍数は比例関係にある

酸素摂取量《さんそせっしゅりょう》は、一回拍出量《いっかいはくしゅつりょう》×心拍数《しんぱくすう》×動静脈《どうじょうみゃく》酸素較差《さんそかくさ》であらわされる。運動時の一回拍出量は運動開始と共に増加を示すが、ある一定の値に落ち着くことはこれまでに述べた。また、動静脈酸素較差もそれぞれの人にとって、ある範囲内の変化に留まると考えられる。したがって、運動（強度《きょうど》）に対して最も敏感に反応《はんのう》するのは心拍数である。

安静時の心拍数は、1分間あたり50拍～70拍程度であり、運動開始と共に上昇する。特に徐々に運動強度を増加させていくような運動を行なうときには、運動強度の増加にともない心拍数は上昇し、最高《さいこう》心拍数《しんぱくすう》に達する。最高心拍数は220－年齢という簡便式《かんべんしき》であらわされるが、個人差が非常に大きい。

運動強度を徐々に増加させていくような運動を行なっているときには心拍数と酸素摂取量との間には比例関係がみられるが、最大強度《さいだいきょうど》まで運動強度が増加すると、酸素摂取量はそれ以上増加しなくなる。すなわち、このときの値が最大酸素摂取量である。酸素摂取量が増加しなくなっても、心拍数はそれ以降も増加を示すことがあるが、最大強度以下の運動強度であれば心拍数と酸素摂取量は直線関係を保って増加するのだ。こうした特徴を利用して、運動中の心拍数から最大酸《さいだいさん》素摂取量《そせっしゅりょう》を推定することや、その運動が最大酸素摂取量の何%の水準に相当する強度の運動であるかを推定することができる。

運動中の心拍数は、頚動脈《けいどうみゃく》などを利用した触診《しょくしん》によって運動中にも測定することが可能だが、一度運動を停止する必要があり、持久的な運動のように運動を継続している場面においては不向きだった。しかし最近では、無線式でコンパクトな心拍計《しんぱくけい》が開発され、より簡単にかつ正確に運動中の心拍数を測定することが可能となっている。

酸素摂取量と心拍数

酸素摂取量と心拍数の関係

酸《さん》素《そ》摂取量《せっしゅりょう》＝一回拍出量《いっかいはくしゅつりょう》×心拍数《しんぱくすう》×動静脈酸《どうじょうみゃくさん》素《そ》較《かく》差《さ》

運動に対して最も敏感に反応するのは「心拍数」

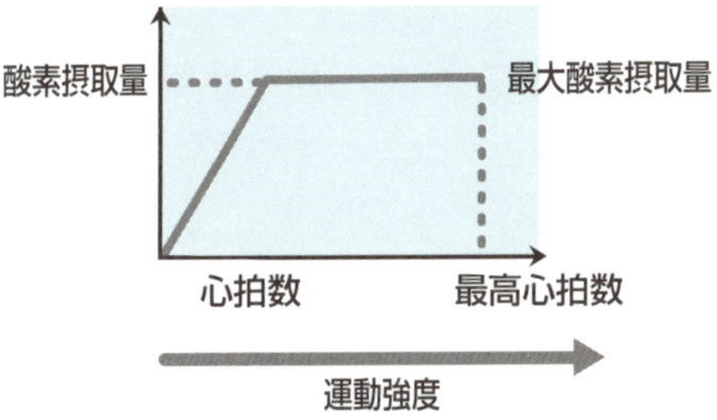

心拍数と酸素摂取量はある段階まで比例する（最大酸素摂取量以後も心拍数が増えることもある）。

最高心拍数と運動強度

例えば最高心拍数200拍/分、安静時心拍数50拍/分の人がある運動を行なっているときの心拍数が170拍/分ならば…

$$\text{最大酸素摂取量に対する割合} = \frac{170(\text{運動中心拍数}) - 50(\text{安静時心拍数})}{200(\text{最高心拍数}) - 50(\text{安静時心拍数})} \times 100$$

$$= 80\%$$

この運動の強度は最大酸素摂取量の約80%。

- 心拍数から運動の強度がわかる。

エネルギー供給系

ATPを産生するための三つのシステム

これまでは、体がエネルギーを生み出すために必要な酸素《さんそ》の供給《きょうきゅう》システムについてみてきた。ここではATP（アデノシン三リン酸）の供給システムについてみてみよう。

私たちが運動を行なううえで必要となるエネルギーは、ATPがADP（アデノシン二リン酸）とPi（リン酸）に分解される際生じる化学エネルギーである（90ページ）。したがって、運動を行なうためには多くのATPを分解しながら産生《さんせい》しなければならない。

私たちの体にはATPを産生するためのシステムがいくつか備わっており、それらを運動生理学《うんどうせいりがく》の分野では、①ATP-PCr系とよばれる、筋《きん》の中にあらかじめ貯蔵されているクレアチンリン酸（PCr）という物質を利用して、酸素を利用しないでATPを産生するシステム、②解《かい》糖系《とうけい》とよばれる、酸素を利用しないで糖質《とうしつ》を分解してATPを産生するシステム、③酸化系《さんかけい》とよばれる、酸素を利用して糖質および脂肪《しぼう》を分解してATPを産生するシステム、の大きく三つに分類している。

ATPを産生するシステムがいくつか備わっているのは、分解されるATPに対して素早くATPを産生（供給）する必要があるからである。この三つのシステムのうち、最も早くATPを供給することができるのはATP-PCr系で、例えば100m走のスタート時のような瞬間的《しゅんかんてき》な動作《どうさ》を行なうときには、短い時間に多くのATPが分解されることになるため、ATP-PCr系がおもにATPを供給している。一方、ジョギングのような比較的強度《きょうど》の低い（緩《ゆる》やかな）運動を行なっているときには、おもに酸化系がはたらくことになる。

このように私たちの体は、あらゆる局面においても、ATPをより効果的に供給するため、複数のATP供給システムを持っているのだ。

ATPの産生

ATPの産生システム

ATPを産生《さんせい》するためのシステムは大きく三つに分けられる。

① ATP-PCr系

筋の中にたくわえられたPCr(クレアチンリン酸)を利用。
ATPを素早く産生できる。
長時間はつづかない。

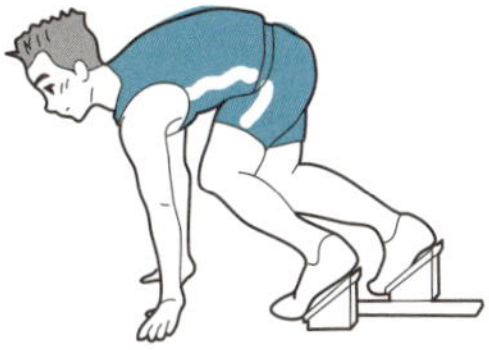

100m走のスタートなど

② 解糖系《かいとうけい》

酸素《さんそ》を利用しないで糖質《とうしつ》を分解。

③ 酸化系《さんかけい》

酸素を利用して糖質《とうしつ》および脂肪《しぼう》を分解。
ATPを産生するのに時間がかかる。
長時間つづけることができる。

マラソンなど

● 運動に適したATP産生システムが利用されている。

無酸素運動と有酸素運動

運動とATP供給システム

ATPを供給《きょうきゅう》する三つのシステムのうち、ATP-PCr系と解糖系《かいとうけい》は、酸素《さんそ》を必要としないでATPを産生《さんせい》することから「無酸素的《むさんそてき》エネルギー供給《きょうきゅう》過程《かてい》」とよばれている。一方、酸化系は酸素を使ってATPを産生することから「有酸素的《ゆうさんそてき》エネルギー供給過程」とよばれている。

無酸素的エネルギー供給過程は、主に短時間で高いパワーを発揮《はっき》するようなスポーツ（例えば100m走など）を行なう際に優位にはたらくシステムであるとされ、このような無酸素的エネルギー供給過程によるATPの供給が多くなるような運動は無酸素運動《むさんそうんどう》などとよばれている。一方、有酸素的エネルギー供給過程は、マラソンなどのような長時間つづけるようなスポーツを行う際に優位にはたらくシステムであるとされ、このような有酸素的エネルギー供給過程によるATPの供給が多くなる運動は有酸素運動《ゆうさんそうんどう》などとよばれている。

では無酸素的エネルギー供給過程がおもにATPの供給を行なっている運動では、有酸素的エネルギー供給過程によるATPの供給は行なわれていないのだろうか。じつは、短時間高強度運動である100m全力疾走時でも、ATPの供給のうちじつに17%が有酸素的エネルギー供給過程によるものであることが明らかにされている。そして、運《うん》動強度《どうきょうど》が低くなるにつれ、また運動時間が長くなるにつれて有酸素的エネルギー供給過程によるATPの供給が増加してくるのだ。

3分程度で疲労してしまうような運動でも、有酸素的エネルギー供給過程によるATPの供給が70%にも及ぶとされている。また、マラソンなどの長距離走競技のような運動では、90%以上を占めている。

無酸素運動＝有酸素的エネルギー供給過程によらない運動、というわけではないのだ。

エネルギー供給系と運動

有酸素運動と無酸素運動

エネルギー供給系《きょうきゅうけい》によって運動は大きく二つに分けられる。

エネルギー供給系

1 ATP-PCr系　**2 解糖系《かいとうけい》**　**3 酸化系《さんかけい》**

●無酸素運動《むさんそうんどう》
短期間で強いパワーを
発揮《はっき》するスポーツ。

100m走

重量挙《じゅうりょうあ》げなど

●有酸素運動《ゆうさんそうんどう》
長期間つづけるスポーツ。

マラソンなど

無酸素運動とエネルギー

実際には無酸素運動でも、酸化系のエネルギー供給システムも利用している。

使用するエネルギー供給システム

1 ATP-PCr系　**2 解糖系**　**3 酸化系**

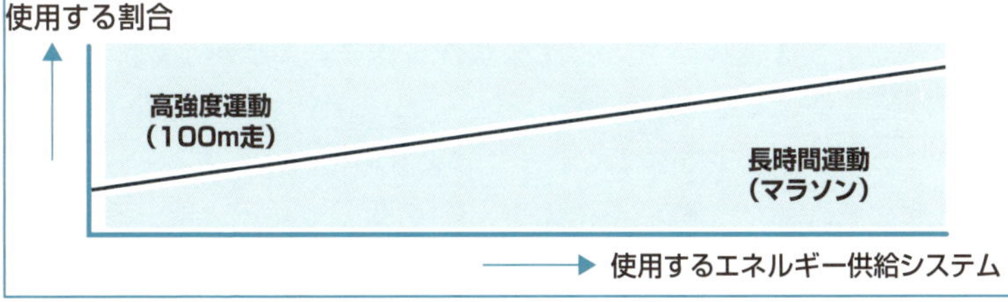

無酸素的エネルギー供給過程

長時間はつづかないシステム

三つのATP供給系《きょうきゅうけい》の中で、最もはやくATPを供給することができるのはATP-PCr系である。ATP-PCr系は、筋《きん》の中にあらかじめ貯蔵されているクレアチンリン酸《さん》(PCr)を分解《ぶんかい》することでATPを産生《さんせい》する。しかし、ATPと同様、筋の中にあらかじめ貯蔵されているPCrの量はごくわずかであるため、このシステム単独ではあまり長い時間運動をすることはできない。

これまでは、「10秒以内の全力運動を行なったとき、まずATP-PCr系によるATPの供給が行なわれ、それだけではATPが足りなくなったときに解糖系《かいとうけい》によるATPの供給が活性化《かっせいか》される」と考えられていた。ところが、最近では、運動開始と同時に解糖系によるATPの供給も行なわれていることが明らかになっており、10秒以内の全力での運動時においては、ATP-PCr系によるATPの供給量と解糖系によるATPの供給量では大差がないことがわかっている。

そして、運動時間が長くなるにつれて、解糖系によるATPの供給が増加してくる。30秒間の全力運動時における解糖系によるATPの供給量は、ATP-PCr系によるATPの供給量の3倍を示すとされている。解糖系は体内に貯蔵されている糖質《とうしつ》を分解してATPを産生しているので、体内に貯蔵されている糖質の量だけ運動をつづけることができそうであるが、そううまくはいかない。なぜなら解糖系によってATPを産生する過程の中で、乳酸《にゅうさん》が作られてしまうからだ。乳酸は、筋の収縮《しゅうしゅく》を妨げることがわかっている。つまり、乳酸が蓄積すると運動をつづけることができなくなってしまうのだ。

こうした理由で、解糖系によるATPの供給が中心となるような運動も長くつづけることができないのである。

ATP-PCr系と解糖系

ATP-PCr系

最もはやくATPを産生《さんせい》できるシステム。

エネルギー ➡ 筋が動く

PCr(クレアチンリン酸) を分解 ➡ ATP ➡ ADP + Pi

ただし…

筋の中に蓄えられている
PCrは少量

⬇

長い時間ATPを産生することはできない。

解糖系

ATP-PCr系より時間はかかるが、比較的はやくATPを産生できる。

エネルギー ➡ 筋が動く

グリコーゲン(糖質《とうしつ》)を分解 ➡ ATP ➡ ADP + Pi

グリコーゲン(糖質)を分解 ➡ ピルビン酸 ➡ 乳酸《にゅうさん》

筋の収縮をさまたげる

⬇

長い時間運動をつづけることはできない。

短時間の運動では、これら二つのシステムを併用しているが、長時間運動をつづけることはできない。

有酸素的エネルギー供給過程

長く運動をつづけるうえではたらくシステム

マラソンなど長時間つづけるような運動時には、酸化系《さんかけい》によるATPの供給《きょうきゅう》がおもになる。酸化系によるATPの産生《さんせい》は、筋《きん》の細胞内《さいぼうない》に存在しているミトコンドリア内で、糖質《とうしつ》および脂肪《しぼう》を酸素《さんそ》を使って分解《ぶんかい》することによって行なわれている。これまでに述べた通り糖質は解糖《かいとう》系《けい》でも分解されているのだが、じつは酸化系によって糖質からATPを産生するためには、解糖系による糖質の分解が必要になる。つまり、糖質は二段階で分解されているのだ。

糖質はまず解糖系で分解され、ATPがつくられると共にピルビン酸《さん》という物質が産生される。このピルビン酸がミトコンドリアの中でアセチルCoA（アセチル補酵素《ほこうそ》A）という物質に変換され、酸化系によるATPの産生が行なわれるのである。ところが、このピルビン酸がミトコンドリアの中に入らずにいると、乳酸《にゅうさん》に変換されてしまう。一方、脂肪は酸化系でしか使われない。脂肪は、ミトコンドリア内で酸素を使ってアセチルCoAに変換され、ATPの産生が行なわれる。

酸化系において糖質と脂肪を利用する割合は、運動強度《うんどうきょうど》で決まる。つまり、運動強度が低い運動ではおもに脂肪が利用され、運動強度の増加にともない、糖質が利用されることになる。さらに運動強度が高くなると解糖系による糖質の分解がより増加することになる。

また、同じ強度の一定運動を行なっているときでも、時間によって糖質と脂肪の利用の割合が変わってくる。運動開始直後から10分程度までは、おもに糖質の割合が高く、その後脂肪の割合が高まってくるのだ。これは、運動開始直後は酸化系で必要とされる酸素の供給が間に合わず、解糖系を中心とした糖質の分解が高まるためであると考えられる。

酸化系エネルギー供給システム

解糖系と酸化系

酸化系《さんかけい》では、解糖系《かいとうけい》で得られた物質を分解している。

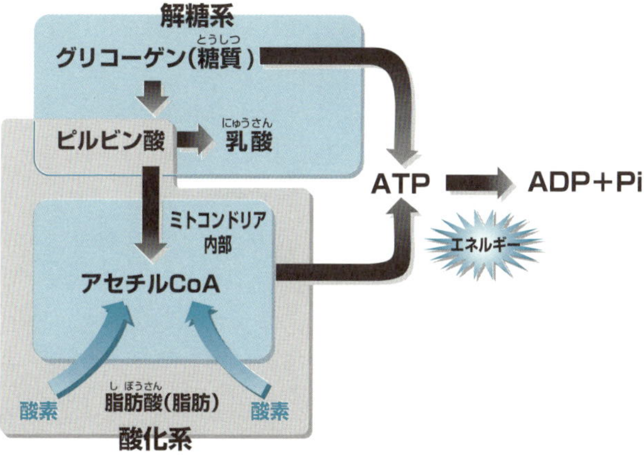

糖質と脂肪の割合

酸化系でエネルギー源となる糖質、脂肪の割合は運動強度《うんどうきょうど》、時間で決まる。

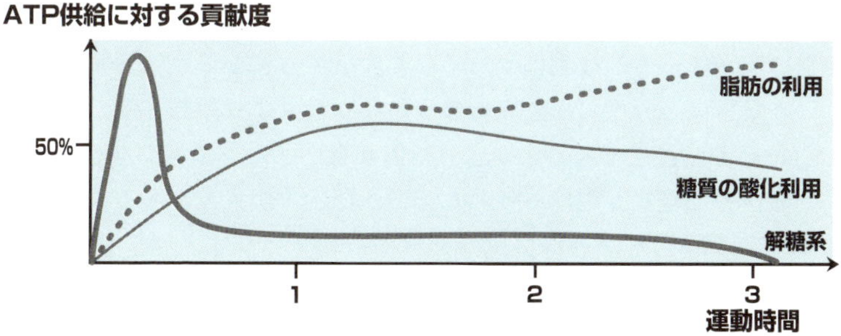

エネルギー源として使われる糖質と脂肪の割合

持久的運動を行なうときには脂肪を多く使えた方が有利

酸化系《さんかけい》において糖質《とうしつ》のみがATPの産生《さんせい》に利用される場合、その分《ぶん》解《かい》に必要とした酸素《さんそ》と同じ量の二酸化炭素《にさんかたんそ》が産生される。一方、脂肪《しぼう》のみが利用される場合、その分解に必要とした酸素の約70%の二酸化炭素が産生される。このことから、酸素摂取量《さんそせっしゅりょう》と二酸化炭素排出《にさんかたんそはいしゅつ》量《りょう》の比率を求めれば、その運動によって糖質がおもに使われたのか、脂肪がおもに使われたのかがわかることになる。つまり、運動中の酸素摂取量と二酸化炭素排出量の比率が1に近くなれば、おもに糖質が利用されており、0.7に近くなればおもに脂肪が使われていることになる。このような生体内でATPの産生に必要とされた酸素量に対して、ATPの産生の結果生じた二酸化炭素量の比率のことを、呼気交《こきこう》換比《かんひ》、または呼吸商《こきゅうしょう》とよんでいる。糖質とくらべて脂肪を分解する際により多くの酸素が必要となるのは、脂肪にあらかじめ含まれている酸素の量が少ないため、より多くの酸素が分解に使われるからだ。

長時間行なう運動ほど、脂肪がより多く使える方が有利となる。体の中に蓄えられているエネルギー源が無くなってしまった場合、それ以上ATPを産生することができなくなる、つまり運動をつづけることができなくなってしまう。しかし、体の中に蓄えられている脂肪の量は非常に多く、運動によってなくなってしまうことはまず有り得ないから、同じ強度の運動を行なうのなら糖質より脂肪を使ってより多くのATPを産生することができた方が良いということになる。

酸化系で糖質か脂肪が使われるのかには、個人差がある。例えばマラソンランナーなど持久的《じきゅうてき》な競技を行なっている人は、脂肪を使ってATPを産生する能力にすぐれており、比較的高い運動強度《うんどうきょうど》においてもおもに脂肪を使ってATPを産生していることが知られている。

糖質と脂肪

酸化系と二酸化炭素

エネルギー源が糖質《とうしつ》と脂肪《しぼう》の場合では二酸化炭素の産生量《さんせいりょう》が違う。

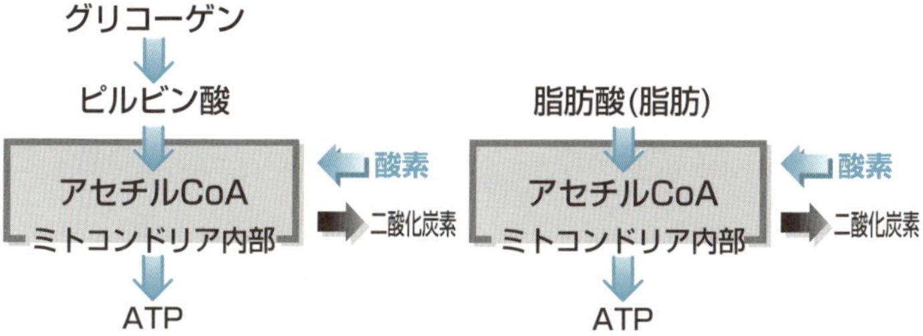

酸素：二酸化炭素 = 1：1

酸素：二酸化炭素 = 1　：0.7
= 1.4：1

酸素摂取量《さんそせっしゅりょう》と二酸化炭素排出量《にさんかたんそはいしゅつりょう》の比率（呼気交換比《こきこうかんひ》）でエネルギー源がわかる。

持久的能力と脂肪

体の中に蓄えられた糖質の量には限りがあるので、持久的《じきゅうてき》な運動には脂肪をより多く使えた方が良い。

持久的能力がすぐれた人

呼気交換比 = 0.8

持久的能力がすぐれていない人

呼気交換比 = 0.9

持久的能力がすぐれた人は脂肪をエネルギー源にする割合が高い。

スポーツ中のエネルギー源の補給

糖質の補給が必要

体内に蓄えられている糖質《とうしつ》の量は脂肪《しぼう》に比べて著しく少ない。体内に蓄えられている脂肪が運動によってなくなってしまうことはほとんどあり得ないが、糖質が運動によって限りなくなくなってしまうことはあり得る。しかし実際には、危険を感じた体の反応《はんのう》により完全に体内に蓄えられている糖質がなくなることはない。そうなる前に筋《きん》が動かなくなってしまうのだが。

したがって、マラソンなどの長時間に及ぶ運動を行なうときには、いかに主として脂肪を使ってATPを産生《さんせい》できるかということと、運動中に糖質を含む飲料・食料を摂取《せっしゅ》し、体内の糖質の量を保つということが重要になる。マラソンなどのような持久的運動《じきゅうてきうんどう》を行なうときに、おもに脂肪を使ってATPを産生することができるようになるためには、ジョギングなどに代表される持久的なトレーニングを継続して行なう必要がある。持久的なトレーニングをつづけることによって体が変化し、持久的な運動を行なうときにより多くの脂肪を使ってATPを産生することが可能になるのだ。

しかし、持久的運動を行なっているときに分解されるATPの全てが脂肪を使って産生できるわけではなく、糖質も利用されている。したがって、運動中に糖質を含む飲料・食料を摂取することも重要だ。しかし、運動開始直前に糖質を多量に摂ると、逆に運動中における糖質の利用を高めてしまうことが知られており、運動開始直前にはあまり大量の糖質を含む飲料・食料を摂取しない方がよい。目安としては、運動開始2時間前後までに補給することが望ましいだろう。ただし、最近では糖質の成分を調整することで運動開始直前に摂取しても運動中に糖質の著しい減少が起きない飲料・食料なども開発されている。

スポーツ中のエネルギー源

糖質と脂肪

体内にあるエネルギー源(糖質《とうしつ》と脂肪《しぼう》)の量を比べると

脂肪のほうがはるかに多い

長時間の運動では、主として脂肪を利用してATPを産生《さんせい》することが必要となる。

ジョギングなど持久《じきゅう》的《てき》運動《うんどう》をつづけると、おもに脂肪を使ってATPを産生する体になる。

糖質をうまくとるには?

持久的な運動でも糖質は利用される。そのため運動前に体内に糖質をたくわえておいたほうがよい。

●運動直前にはよくない

運動中の糖質利用を高めてしまう。

●運動中が望ましい

または運動開始2時間前以前にとる。

スポーツ中に水はダメ？

競技成績の維持・改善にもつながる運動中の水分摂取

昔から「運動中に水を飲んではダメ」とよくいわれているが、本当に運動中に水分を摂取《せっしゅ》してはいけないのだろうか。

私たちの体の約60％は水分であるといわれている。そして、私たちが毎日摂取する水分量と排出《はいしゅつ》する水分量は等しい関係にあり、体の中の水分量を一定に保っている。

運動を行なうときには熱発生をともなうため、運動が持続するにつれて体温が上昇する。体は体温がある一定の限界を超えると、それ以上体温が上昇しないよう皮膚《ひふ》の血流《けつりゅう》が増加して熱を放散《ほうさん》させると共に、発汗《はっかん》を盛んにして体温上昇を防いでいる。したがって、運動を行なっているときには発汗によって体内の水分が損失しているわけだ。

この発汗にともなう水分の損失量が少なく、その損失量に見合う水分がすみやかに摂取された場合には、日常生活における水分の出し入れと変わらず特に問題は生じない。しかし、大量の発汗によって著しい水分の損失が見られ、また水分の補給が不十分な場合、脱水症状《だっすいしょうじょう》、さらには熱障害《ねつしょうがい》を引き起こす。また、血液が濃くなり心臓への負担も大きくなる。つまり、運動中における水分の著しい損失は、様々な障害を引き起こし、競技成績の低下の要因にもなるのだ。運動中には水分を補給することが必要だ。

水分補給にとって重要なことは、水分がいかにはやく生体に吸収されるかということであり、それは水分を胃から小腸へ送り出す速度に関係している。あまり大量の水を摂取してしまうとこの速度が低下し、水分が生体内に吸収《きゅうしゅう》されにくくなってしまうのだ。1回あたり、150～250mℓ程度の摂取がちょうどよいとされており、水分はこまめに摂取することが望ましい。

スポーツ中の水分摂取

体と水分

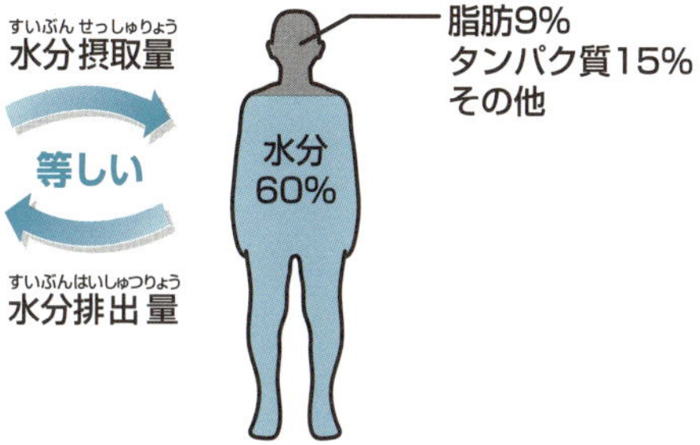

体内への水分摂取量と排出量は等しくなければならない。

スポーツ中の水の役割

運動中は体温が上昇する。

↓

体温の上昇を防ぐため汗の量が増える。

↓

体内の水分の損失が増大

適切に水分を補給しないと

- 脱水症《だっすいしょう》状《じょう》。
- 熱障害《ねつしょうがい》(熱中症《ねっちゅうしょう》など体温の異常上昇)。
- 血液の粘性が高まり、心臓の負担が増大。

運動中はこまめに水分を摂取しよう

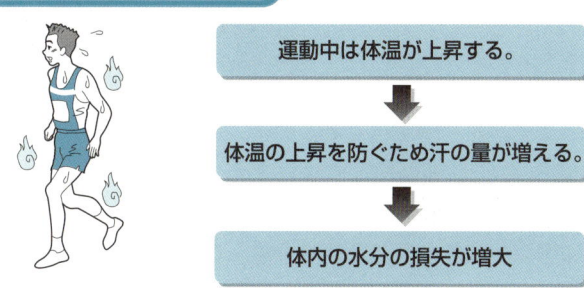

スポーツとダイエット

使われないエネルギー源の行き先

私たちが身体活動《しんたいかつどう》を行なううえでは、ATPを産生《さんせい》する必要があり、その材料（エネルギー源）がおもに糖質《とうしつ》と脂肪《しぼう》であることは説明した。これらのエネルギー源は食事によって体内に取り込まれるわけだが、私たちの体にはいつでもどんな活動でも行なうことができるように、取り込んだエネルギー源を蓄えるしくみが備わっている。体に摂取《せっしゅ》したエネルギー源のうち、すぐにATPの産生に使われなかったものは、糖質も脂肪に変換して体に蓄えるようになっているのだ。

ATPの産生に使われず余ってしまった糖質は、肝臓《かんぞう》などで遊離脂《ゆうりし》肪酸《ぼうさん》とグリセロールという成分につくり変えられる。この遊離脂肪酸とグリセロールの二つが結合すると中性脂肪《ちゅうせいしぼう》となり、脂肪細胞《しぼうさいぼう》に蓄えられてしまうのだ。したがって、脂肪を体に付けない、つまり太らないようにするためには摂取エネルギーと消費《しょうひ》エネルギーを等しくして、エネルギー源を余らせないようにすればよいのである。私たちが日常生活を行なううえで消費されるエネルギーは、成人男性で約2100kcal～2600kcalである。つまり、2600kcal以上の食事を摂取しなければ（計算上ではあるが）太らないということになる。しかし、2600kcal以上の食事を摂取し、日常生活以外の活動を行なわなければ太ってしまうのだ。

スポーツ選手以外の人は、消費エネルギーより摂取エネルギーの方が多くなりがちである。現在は飽食《ほうしょく》の時代ともよばれているので、これはいたしかたないことなのかもしれない。

しかし、太りすぎは糖尿病《とうにょうびょう》などのいわゆる生活習慣病《せいかつしゅうかんびょう》の原因の一つであるとされている。飽食の時代であるがゆえに、普段からスポーツなどを積極的に行ない、消費エネルギーを増やす必要があるのだ。

エネルギーと脂肪細胞

余ったエネルギー源は

体内に取り入れられた
脂肪《しぼう》・糖質《とうしつ》は…

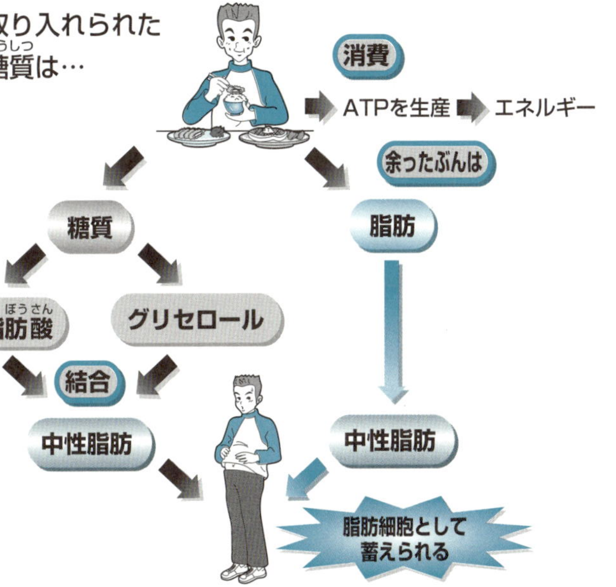

太る原因

消費エネルギーより摂取エネルギーが多いと…

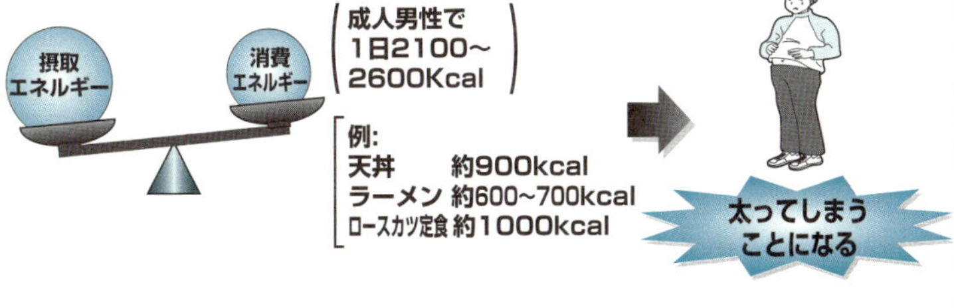

ダイエットするための運動

目標は300kcalの消費

消費《しょうひ》エネルギー以上にエネルギーが摂取《せっしゅ》された場合、私たちは太る。では、太らないようにするため、また痩《や》せるためにはどんな運動やスポーツがよいのであろうか。

消費エネルギーと摂取エネルギーのバランスが崩れた時に太るわけだから、このエネルギーのバランスをいかに保つかが重要なポイントになる。ATPを産生《さんせい》するために酸素《さんそ》が1ℓ使われた場合には、約5kcalの熱量《ねつりょう》が発生する。つまり5kcalのエネルギーが消費されるわけだ。ATPの産生に必要としたおおよその酸素量は、酸素摂取量《さんそせっしゅりょう》を測定することで把握できるが、酸素摂取量を測定するためには専門的な機材が必要となり、全ての人が測定できるわけではない。しかし、これまでの多くの研究結果によって、様々な運動の平均的な酸素摂取量が計算され、それにもとづく消費エネルギーが算出されている。したがって、各運動の平均的な消費エネルギーを参考に日常生活にそれらの運動を取り入れれば良いということになる。

アメリカスポーツ医学会（ACSM）では，成人向けの減量に関するガイドラインの中で、週3回以上、1回30分以上、300kcal以上を消費する運動を行なうことを勧めている。

また、筋力トレーニングによって、筋《きん》の量を増加させることも減量に有効な方法である。私たちは、特に動作《どうさ》を行なわず静止している状態であっても、姿勢を保持するなどの目的で、一部の筋は活動している。筋が活動する際にはATPが分解《ぶんかい》されATPが産生されるから、筋の量を増加させることによって、安静時においても活動している筋を増加させれば、必然的にATPの分解および産生が行なわれエネルギー消費が増加するのである。

運動と減量

太らないためには

消費《しょうひ》されないエネルギーが脂肪としてたくわえられるのだから…

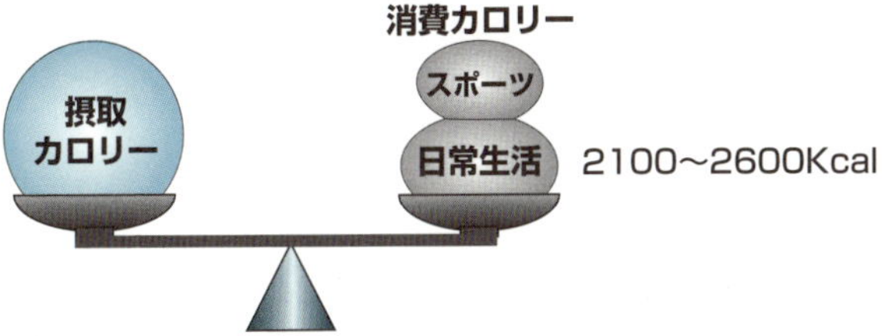

スポーツなどで、摂取《せっしゅ》カロリーと消費カロリーのバランスを取ることが大切。

減量に必要な運動

週3回以上
1回30分以上
300kcal
(アメリカスポーツ医学会のガイドラインより)

●300kcal消費する運動

ゴルフ	1ラウンド
サイクリング	60分
ボーリング	9ゲーム
縄跳び	20分
歩行(50-90m/分)	90分
早歩き(90-110m/分)	60分
ジョギング(120-140m/分)	40分
ランニング(180-220m/分)	30分

スポーツに望ましい食事

栄養素のバランスと目的に合わせた工夫が必要

私たちは、食事によってエネルギー源を摂取《せっしゅ》している。

食事をする際には、糖質《とうしつ》、脂肪《しぼう》、蛋白質《たんぱくしつ》、カルシウムや鉄などのミネラル、ビタミン群などの栄養素をバランスよく摂取することが重要である。これは、スポーツを行なうときの食事でも基本的には変わらない。しかし、トレーニングなどによって消費エネルギーが多いスポーツ選手の場合には、摂取エネルギーが不足しないよう、特に配慮《はいりょ》する必要がある。例えば、世界のトップスイマーの中には1日に6回の食事によって約6000kcalのエネルギーを摂取している人もいるというから驚きだ。

また、トレーニング上の目的などによって、食事を工夫する必要もある。例えば、筋力を向上させたい場合には、筋力トレーニングを行なう必要があるが、このとき、筋《きん》の材料となる蛋白質を十分に摂取しなければトレーニング効果はあがらない。蛋白質の摂取量は、自分の体重1kgあたり約1.5g～2.0gが目安となる。例えば体重60kgの人は約90g～120gの蛋白質の摂取が必要になるわけだ。

一方、持久力を向上させたい場合は、特に鉄分と蛋白質の摂取に配慮する必要がある。持久的な運動を行なう際に重要なはたらきをする酸化系《さんかけい》は筋肉などの各組織《かくそしき》に十分な酸素を供給《きょうきゅう》する必要があるのだが、その酸素運搬《さんそうんぱん》の役割を担《にな》っているのが血液中のヘモグロビンである。したがって、このヘモグロビンが十分に機能するために、鉄分と蛋白質の摂取が必要になるのだ。

このように、スポーツを行なう上では、栄養素のバランスを配慮した基本的な食事をベースに、トレーニングの目的などに合わせた工夫が必要になる。

スポーツと食事

望ましい食事とは

基本的には、糖質《とうしつ》・脂肪《しぼう》・蛋白質《たんぱくしつ》・ミネラル・ビタミンなどの栄養素をバランスよくとることが大切。

トレーニングと食事

トレーニングの目的に合わせて、食事に気を使う必要がある。

●筋力を向上させたいときには

ウエイトトレーニング

蛋白質の十分な摂取

摂取量の目安
体重1kgに対して
1.5～2.0g

●持久力を向上させたいときには

ランニング

鉄分と蛋白質を摂取

▶ インディアカ

インディアカは、ブラジルの伝承ゲームがドイツで改良されたスポーツで、ネットをはさんで2つのチームが、羽根のついたボール（インディアカ）を手で打ち合うゲームである。

ボールは重さ50g、羽根を含めた長さが24～25cmで肘から先だけで打つ。ルールはバレーボールと似ており、1チーム4人の選手が、自分のコート内のボールを3回以内のパスで相手コートに打ち返す。ただし、同じ選手は2回つづけてボールにふれてはいけない。15点先取で1セットが終了。先に2セットとったチームの勝ちだ。

羽根のついたボールはゆっくりと飛ぶため、初心者でもラリーがつづけやすいが、技術があればスパイクなど、スピードのあるプレーを楽しむこともできる。また、バレーボールやテニスなどとくらべるとケガやスポーツ障害も起こりにくいスポーツだ。

第5章

基本動作の分析

重心

物体が安定する条件

前章までで、運動をするために必要な肉体能力《にくたいのうりょく》について説明してきた。しかしいくら肉体能力がすぐれていても、状況に適した動作《どうさ》ができないとスポーツがうまいとはいえない。ここからは、スポーツにおけるさまざまな動作を力学的に分析していく。まずは、人間が体を動かす際の基本動作をみてみよう。

人間が運動する中で最も重要な基本動作は、「立つ」ということである。したがって、まずは立つという筋動作に注目したい。しかしその前に「重心《じゅうしん》」について説明しよう。

重心とは、その物体の重さの中心のことで、物体には必ず重心がある。サイコロのように中身が均一の立方体やボールのような球体の場合、重心はその物体の中心にある。ところが、紙粘土《かみねんど》の中に適当にパチンコ玉を混ぜて作った立方体《りっぽうたい》や球体《きゅうたい》だと、パチンコ玉の位置によって、重心は片寄ってしまい、中心にはない。また、その紙粘土でいろいろな形を作った場合、形やパチンコ玉の位置によって重心の位置はさまざまに変わる。

物体が地面と接している面を支持基底面《しじきていめん》という。球体の場合は地面と接する1点であり、イスのように脚があり面全体が接していない場合、脚全体を囲んだ面が支持基底面になる。そして、その物体がその場に安定して止まっている条件は、重心から降ろした垂線《すいせん》と地面の接する点（ここではZ点とする）が、その支持基底面内にあることで、もし、Z点が支持基底面の外に出てしまうと、その物体は倒れてしまう。そして、重心の位置が地面に近ければ倒れにくく、地面から離れるほど不安定で倒れやすい。立方体よりも縦に置いた直方体の方が不安定で倒れやすいのはそのためだ。

物体と重心

重心

重心《じゅうしん》とは物体の重さの中心であり、物体が安定しているためには、重心と地面との関係が重要である。

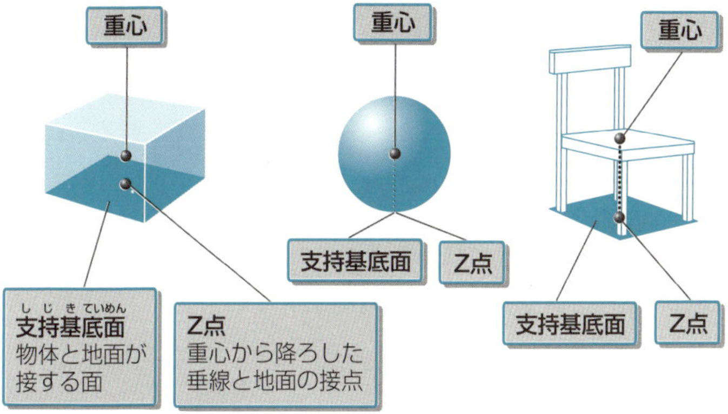

安定する条件

1. Z点が支持基底面にないといけない。

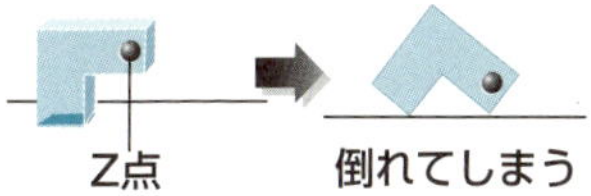

2. 重心が地面に近い方が安定する。

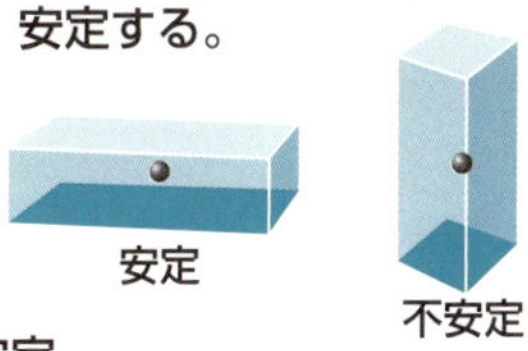

3. 球体の中心に重心がある場合、安定しないが、内壁面にあれば安定する。

立つ①

体の動きと重心の移動

人の体は骨と筋《きん》と内臓《ないぞう》などの諸器官《しょきかん》から構成される。漫画ではガイコツが立って動くが、実際には骨だけで立つことはできない。人が立つことができるのは、筋が骨と骨を結びつけているからだ。

人の体にも重心《じゅうしん》があるが、人の体と前項で例に挙げた物体との違いは、柔軟性《じゅうなんせい》があり、動き、手で物を持つことができることである。そのため、体の動きによって重心が移動する。

立った状態で前方に上半身を倒すと、重心も前に移動する。倒す角度が大きくなると、重心から降ろした垂線《すいせん》と地面の接する点（Z点）が前方に移動し、最後には支持基底面《しじきていめん》から出てしまう。人が倒れないのは尻を後方に移動し、支持基底面内にZ点を維持しているためだ。

手に物を持っても重心は移動する。そのため、右手に重い物を持つときは、Z点が支持基底面から出ないよう、腰を左に移動させている。

逆に重心が移動できない場合、体の動きも限定されてしまう。たとえば、右手を頭の上に真っ直ぐ上げて、左足を横にあげてみよう。簡単に左足をあげることができる。つぎに、体の右側を、足、腰、肩、上げた手のひらまで、壁にぴったりと付けてみよう。左足を横にあげようとしても、あげることができない。重心が移動できないからだ。

左足を左側にあげると、重心が左側に移動する。この場合の支持基底面は右足の裏側全体であり、非常に狭いので支持基底面からZ点が出てしまう。したがって、上体を右側に傾けることで、重心を右に移動させようとする。しかし、右側に壁があると重心を移動させることができない。そのために左足を持ちあげることができないのだ。

このように、人は体を動かすことで重心の位置を常に移動させ、安定して立つのである。

重心を保って立つ

人の体にも重心《じゅうしん》があるが、人の体は柔軟《じゅうなん》性《せい》があるので、動きによって重心の位置も変化する。

体と重心

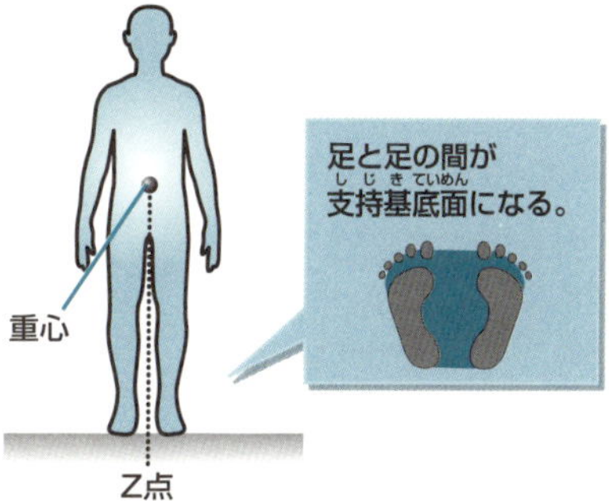

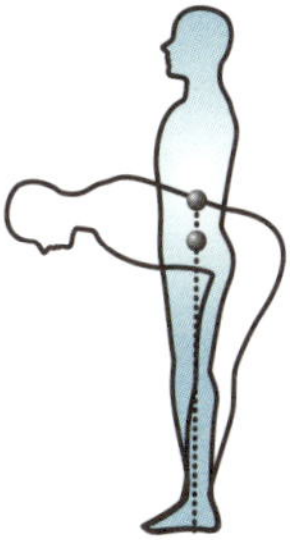

体を傾けたときは尻を移動させてZ点を支持基底面の内側に保つ。

動きと重心の移動

重心が移動できないと、体の動きも限定される。
例えば、右手を真っ直ぐあげ、左足をあげるとき。

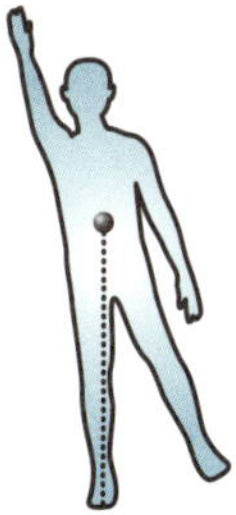

支持基底面が片足だけになるので上体を右に傾け重心を移動する。

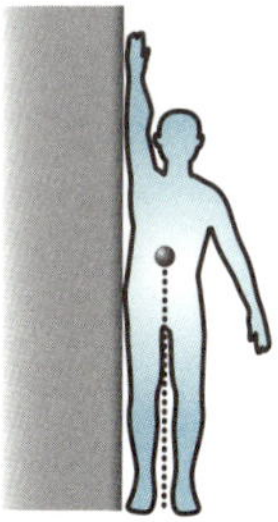

右上体が固定されていると重心が移動できないので、左足をあげることができない。

立つ②

体の構造と重心

立つことを体の構造《こうぞう》から理解することも必要である。

骨を見てみると、骨と骨には直接的なつながりはなく、軟骨《なんこつ》が直接骨同士の接触を防ぐと同時に関節《かんせつ》の動きをスムーズにする構造になっている（35ページ）。また、全身の骨格《こっかく》をみると、ほぼ左右対称であるが、前後的には対称ではない。このため全身の骨格は非常に不安定で、たとえ動かずに立っているだけでも、骨と骨を結びつける筋《きん》の緊《きん》張《ちょう》と弛緩《しかん》という運動を絶えずくり返しながら体を支えなければならない。この筋運動により、常に重心《じゅうしん》の位置は移動している。もちろんZ点も常に動いている。

このZ点の動きは、重心動揺計《じゅうしんどうようけい》という機械で計測することができる。重心動揺計では、一定時間内にZ点が動いた距離《きょり》や軌跡《きせき》などを計ることができる。つまり、この距離が短く大きな揺れ幅がないほど、重心は安定しているのである。

骨格を安定させようとする筋の運動によって重心が移動しているのだから、筋が骨格を支える運動量が少ないほど、重心は安定しているといえる。直立したときに筋の運動量が一番少なくなるのは、左右の中心を結んだ線と左右の拇指丘《ぼしきゅう》（足の親指の付け根で盛りあがっている部分）を結んだ線の交点にZ点が来たときである。

ところがほとんどの人は、このポイントにZ点が安定しない。人それぞれの姿勢《しせい》が影響していて、姿勢の悪い人ほどZ点は後方に移動しているからだ。そのため、重心を安定させるための動きも大きくなる。つまり姿勢が悪いほど、重心も不安定で筋運動も多くなるので疲労が蓄積《ちくせき》しやすく、動作も散漫《さんまん》になってしまうのである。

では正しい姿勢とはどのようなものか、次の項で見てみよう。

重心を保って立つ

人の体は安定しない

人の体は前後に非対称で
安定していない。

バランスが悪い

そのため

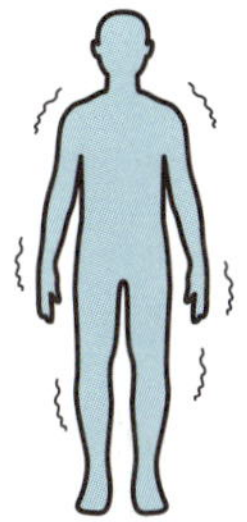

立つだけでも全身の
筋を使ってバランスを
とっている

Z点を調べると…

重心動《じゅうしんどう》揺計《ようけい》で人が立っているときのZ点を調べると…

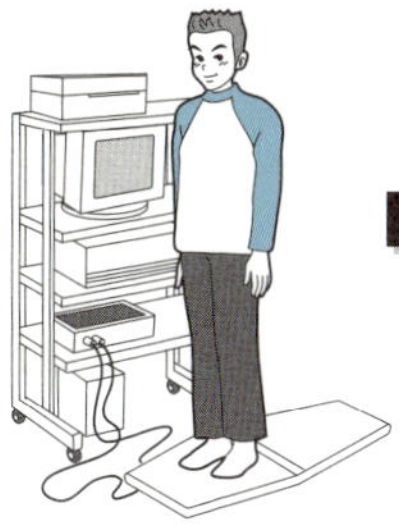

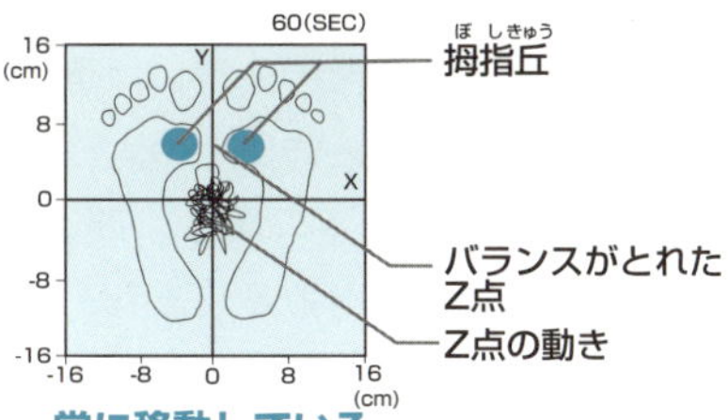

常に移動している

Z点の動きが大きい = 重心が安定していない。
重心の移動が大きいと、筋運動も多く疲労が蓄積しやすい。

姿勢

正しい姿勢とは

姿勢《しせい》は全身の筋《きん》が統合してはたらくことによって、形成、維持されており、正しい姿勢とは、全身の筋が無理なく協調してはたらき、重《じゅう》心《しん》を安定させられる姿勢といえる。姿勢は乳児の頃からの運動量とストレス、生活環境・習慣により決定される。

乳児がハイハイを充分することは、2本足で立つための準備であり、それにより骨盤《こつばん》周囲と背中の筋を発達させて、ヨチヨチ歩きに移行する。ヨチヨチ歩きをするようになって、はじめて重心を安定させるトレーニングがはじまり、走ったり跳んだりする遊びの中で筋や神経を発達させる。こうした遊びによって運動の基礎がつくられ、ほとんどの運動能力レベルはこの時期に決定されてしまう。

心理的なストレスも姿勢に影響を与える。姿勢は交感神経《こうかんしんけい》と副交感《ふくこうかん》神経《しんけい》(62ページ)が協調してはたらくことによって保たれている。ストレスを強く感じると交感神経が活発にはたらき副交感神経の活動が抑えられ、筋は常に緊張したままになり、姿勢にも影響を与える。

生活環境も、姿勢の決定には重要だ。生活習慣の違いから人それぞれの癖が生じ、最終的にその人の姿勢と重心の位置が決定される。

悪い姿勢は、多くの場合、筋の過剰な緊張《きんちょう》の結果であり、早い時期に改善する必要がある。また、姿勢は運動能力にも大きな影響を与える。正しい姿勢がとれていれば、筋に余計な疲労を与えることなく、体のバランスを保つことができる。

正しい姿勢をとるには、足は肩幅でつま先45度に開き、つま先立ちをし、体重を拇指丘《ぼしきゅう》で感じながら軽く踵《かかと》を降ろす。そして、尻と腹を引き締め、胸郭《きょうかく》を広げ、肩の力を抜き、目線は水平で顔を少し上に向けて立つ。自分が正しい姿勢をとれているか、試してもらいたい。

正しい姿勢

姿勢を決める要因

1. 乳児の頃からの運動量

2. 心理的なストレス

3. 生活環境・習慣

悪い姿勢《しせい》は、早めに改善する必要がある。

正しい姿勢のポイント

正しい姿勢がとれていれば、筋の余計な疲労も少ない。

1.

つま先立ちをする。

2.

体重を拇指丘《ぼしきゅう》で感じながら踵《かかと》を降ろす。

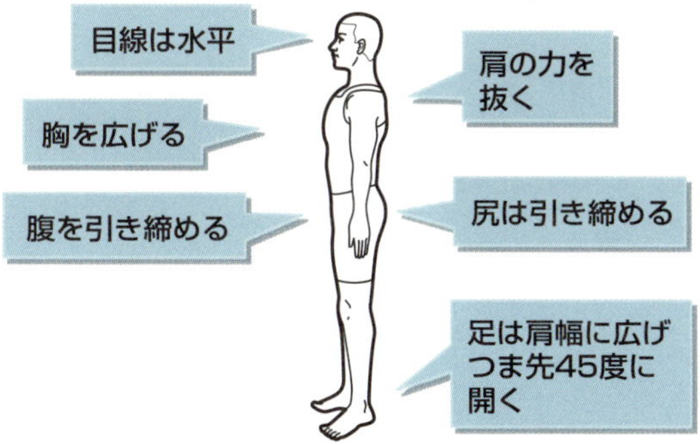

正しい姿勢がとれているか、チェックしてみよう。

運動軸

身体動作からつくり出される仮想の軸

直立して上半身を左右にひねる運動を考えてみよう。体をひねる中心の軸《じく》となるのは脊柱《せきちゅう》(25ページ)である。もし脊柱が直線なら、脊柱を形成する椎骨《ついこつ》の一つ一つが水平に回旋《かいせん》するだけなので、回転軸は一本である。しかし、実際には脊柱には生理湾曲《せいりわんきょく》(142ページ)があり前後に歪んでいるため、椎骨一つ一つが別々の軸を持つ回旋をした結果、「上半身をひねる」という回旋動作をつくっている。こうした体の回旋動作の軸となるのが「運動軸《うんどうじく》」である。

全ての身体運動は、体の各部分の回旋動作が組み合わされて、成り立っている。このとき、体の各部分の回転軸はばらばらであるが、身体動作をみると一本の軸があるようにみえる。つまり、運動軸とはみための身体運動からつくり出される仮想の軸なのである。

体の各部分を回旋させ一つの動きをつくり出すには、多くの筋《きん》がはたらくが、これを筋の協調運動《きょうちょううんどう》とよぶ。立つだけでも筋は協調運動をしているが、姿勢《しせい》が悪いほど重心《じゅうしん》を安定させるための協調運動は複雑になり、重心も安定しない。悪い姿勢から体を動かした場合、重心が安定していないので動作が散漫《さんまん》になり運動軸も安定しない。

運動軸を意識することは、効率よく運動を行なうためには重要だ。例えば直立した状態から片足をあげる動作では、ただ片足をあげた場合には、上半身があげた足の反対側に大きく移動して重心を保つ。しかし、あげない足に沿った垂直の運動軸があると意識した場合には、上半身をあまり移動させず、筋の協調運動で重心を保つようになる。

安定した身体運動に対して「軸が安定している」という言葉を使うが、運動軸が安定しているということは、みためにそのまま重心が安定していることに等しいのである。

身体動作の軸

運動軸《うんどうじく》とは

上半身をひねるという動作の場合、回旋運動《かいせんうんどう》の軸は脊柱《せきちゅう》になる。

●もし脊柱が直線ならば

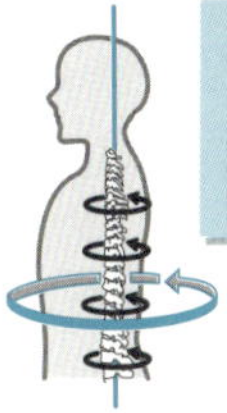

骨盤《こつばん》の一つ一つは同じ軸を中心に回転するので、回転軸は一本になる。

●実際の脊柱には生理湾曲《せいりわんきょく》があるので

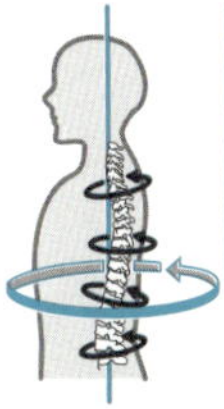

椎骨の一つ一つは別の軸で回転するが、体の動きからは一本の軸があるようにみえる。

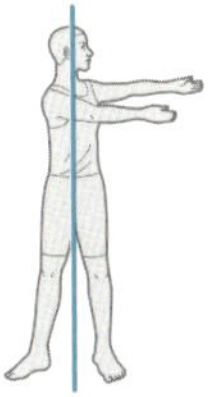

体の各部分の回旋動作が組み合わさり、一つの動作をつくり出しているが、動作をみると一本の軸があるようにみえる。
＝運動軸

片足をあげる動作

運動軸を意識すると、重心《じゅうしん》を保ちながら効率よい運動ができる。

●運動軸を意識しないと

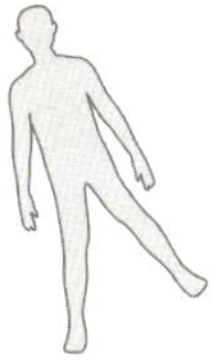

上半身を大きく傾けることで重心を保つ。

●運動軸を意識すると

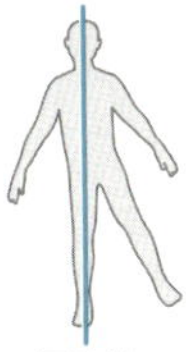

上半身を大きく傾けることなく、筋の協調運動《きょうちょううんどう》で重心を保つ。

歩く①

人の歩き方の観察

歩くという動作《どうさ》は体が水平方向に移動することであるが、その動作の中には必ず重心《じゅうしん》を安定させる筋運動《きんうんどう》が含まれる。つまり全ての移動運動は重心の移動であるといいかえることができる。

人の歩き方を観察すると、頭が前後左右に揺れたり、頭は安定していても腰が大きく左右に揺れたり、上半身全体が揺れていたり、一人一人が違った歩き方をしていることがわかる。もちろん、姿勢《しせい》も違えば足のつま先の方向や、足の動かし方も違う。また、一見しただけではわからないが、よく観察すると重心の移動方法も2通りあることに気がつく。

一つは、上半身を前に倒し、重心を前方に移動させる。すると支持《しじ》基底面《きていめん》からZ点が出て、体が前に倒れるので、それを支えるために足を1歩前に出す方法である。これは踵《かかと》から足の裏全体を使った運動で、踵に大きく荷重《かじゅう》がかかるのだが、多くの人はこの歩き方をしている。

もう一つは、地面を後方にける力の反作用として、重心を前方に進める方法である。これは踵への荷重負担は少なく、つま先（拇指丘《ぼしきゅう》）を中心に使う運動である。この場合は関節《かんせつ》の一つとして踵も充分に使えるので、足からの衝撃を緩和してくれる。

歩くときに体が揺れるということは、バランスを取る一連の動作の結果として考えるべきである。揺れることは体がバランスを取ろうとして行なっている行為なので、それ自体が悪いのではない。ところが、バランスを取らなければならない筋運動が多いほど、筋疲労が蓄積《ちくせき》しやすい。したがって、正しい歩き方を考えるには、自然に上半身を揺らさずに歩く方法を考えるべきであろう。

二種類の歩き方

歩き方（重心《じゅうしん》の移動）は足の使い方によって二つに大別できる。

踵を使った歩き方

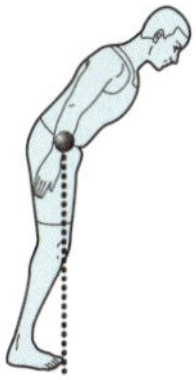

上半身を倒し、重心を
移動させる。

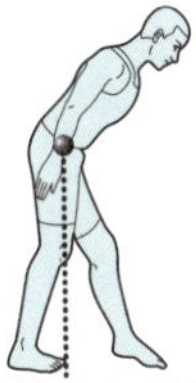

体を支えるために足が
出る。

上半身の動きが大きく疲労しやすい。
踵《かかと》への負担も大きい。

動きと重心の移動

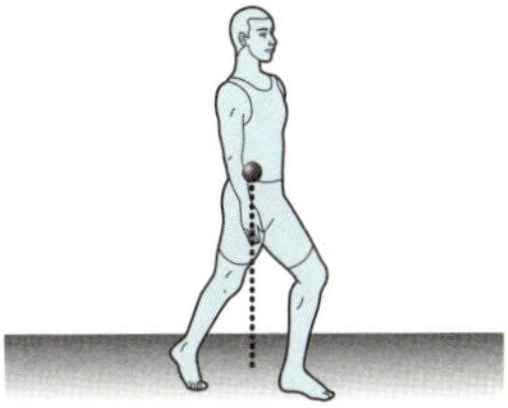

地面を後方へける。

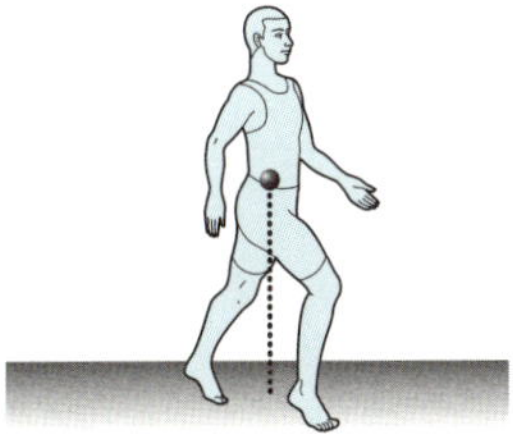

反動で重心を移動する。

上半身が揺れにくく、踵への負担も
小さい。

上半身が動かない歩き方を身につけよう。

歩く②

バランスの取れた歩き方

歩くという動作《どうさ》について、足の裏側の形を観察し、このような形になった理由を考えてみよう。

人の足には土踏《つちふ》まずがある。土踏まずはたくさんへこむ方が、運動能力が高く、へこみの少ない人もいるが、これは扁平足《へんぺいそく》とよび、運動能力に悪い影響があるといわれている。

足の裏を観察すると土踏まずを囲むように踵《かかと》から足の外側、そして指の付け根、特に拇指《おやゆび》の付け根にかけて盛り上がっているのがわかる。土踏まずが形成されるのは、土踏まずの部分がへこんでいくのではなく、踵から足の外側と指の付け根にかけての部分を多用することで、その部分が発達して土踏まずが取り残されてしまうためと考えれば、歩くときの理想的な足の使い方が推測できる。

ここで、理想的な歩き方のコツを得られるトレーニング方法を紹介しよう。

多くの人は、左右2本の線の上をそれぞれの足が進んでいる。しかし、つま先をそれぞれ45度位に開きながら、平均台の上を歩くように1本の線の上を歩いてみよう。自然に踵から足の外側を使い、最後に拇指丘《ぼしきゅう》で地面をけることを感じることができる。このとき①お腹とお尻を引き締める②胸を引きあげる③軽くあごを上げる④上半身を安定させて腰から動く、といった点に注意しよう。より正しく歩くことができ、2本線の上を歩くときよりも上半身の揺れは少なくなるはずだ。力を入れなければならないのは筋が固く緊張《きんちょう》しているからで、姿《し》勢《せい》が正しくなれば引き締める意識はしなくても良い。

そしてこのとき、肩の力を抜いて腕の振りは自然にまかせてみよう。腕は下半身の動きにともないバランスを取るように動くはずである。

正しい歩き方

足の裏側

足の裏側を観察すると、よく使われる部分は発達しているので、足にかかる力がわかる。

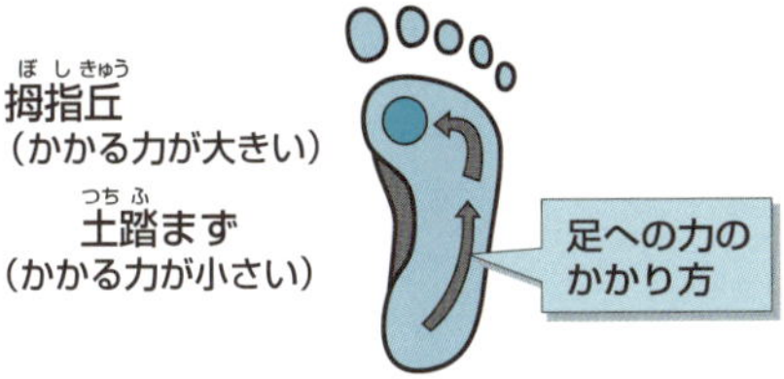

足の裏側で発達した部分をちゃんと使うのが理想的な歩き方。

歩き方のトレーニング

つま先を45度に開きながら一本線上を歩く。

正しい足裏の使い方がわかる

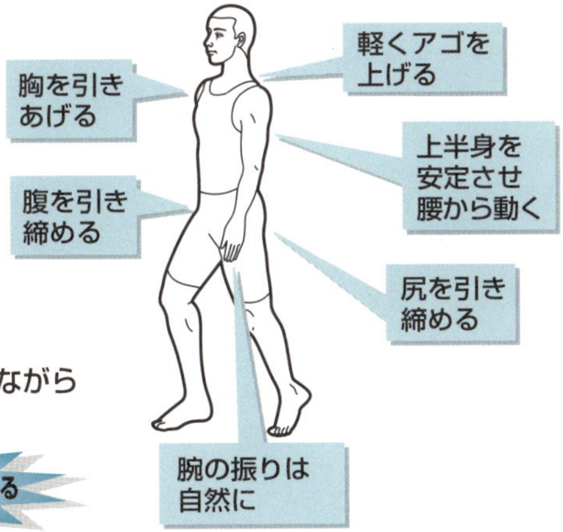

正しい歩き方が実感できれば、後は自然に歩ける。

走る① 長距離走

ベクトルと体のバランス

長距離《ちょうきょり》を走るという動作《どうさ》の基本は、歩く動作と同じで重心の水平移動と考えてよい。しかし、速く走ろうとすると上半身の不安定な動きが大きくなる。これも歩くときと同様に体がバランスを取ろうとする自然な動きであるが、地面をけることで生じる前方への推進力《すいしんりょく》が、重心《じゅうしん》が不安定なことで上方や側方に分散《ぶんさん》されているのである。これを「力のベクトルの分散」という。ベクトルとは力の大きさと方向を矢印の大きさと方向で示したものである。効率よく前方に進むためには、このベクトルの分散を最小限にとどめなければならない。それにはバランスの良い歩き方が基礎となる。

バランスの良い歩き方で、それが自然に速くなると、腕は単に振るのではなく、肩胛骨《けんこうこつ》を水平に、後方に引いていることが感じられる。また、正しい姿勢は正しい骨盤《こつばん》の傾きを生み出し（142ページ）、下半身の動きがスムーズになる。さらに協調運動《きょうちょううんどう》として肩胛骨を後方に引くことで大腿部《だいたいぶ》が引きあげやすくなり、足の意識は地面を後方にけることに集中できるのである。

また、疲労がたまると重心が不安定になり、ベクトルが分散し、上半身の不安定な動きが大きくなり、それを安定させるための筋運動《きんうんどう》も多くなるので、さらに疲労は蓄積《ちくせき》しやすくなる。正しい姿勢がとれていれば、ベクトルの分散も少ないので、疲労も少なくてすむ。

走るトレーニングにランニングマシンを多用する人もいるが、基本的に地面は動かない。動かない地面をしっかりと後方にける運動の協《きょう》調運動《ちょううんどう》として上半身の動きが構成される。地面が動き、しっかりけることのできないランニングマシンでは、筋の協調運動が本来の走る運動と異なるので注意が必要だ。

長距離の走り方

「走る」動作では、地面をけることで得た弾力《だんりょく》を利用して移動するため、身体の上下運動が大きくなる。

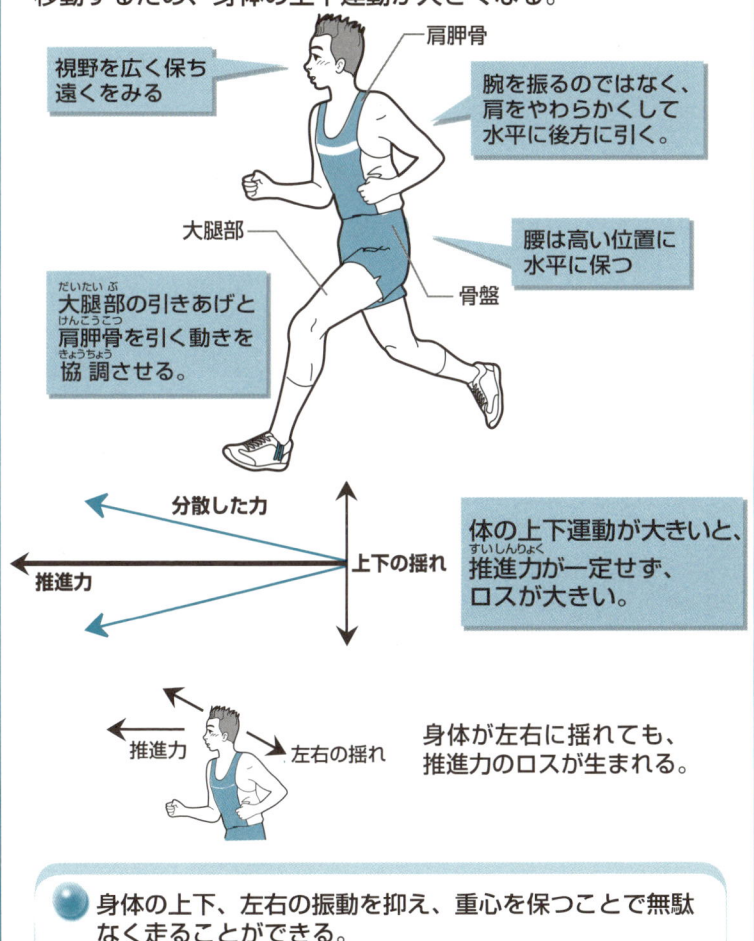

視野を広く保ち
遠くをみる
肩胛骨
腕を振るのではなく、
肩をやわらかくして
水平に後方に引く。
大腿部
腰は高い位置に
水平に保つ
骨盤
大腿部《だいたいぶ》の引きあげと
肩胛骨《けんこうこつ》を引く動きを
協調《きょうちょう》させる。

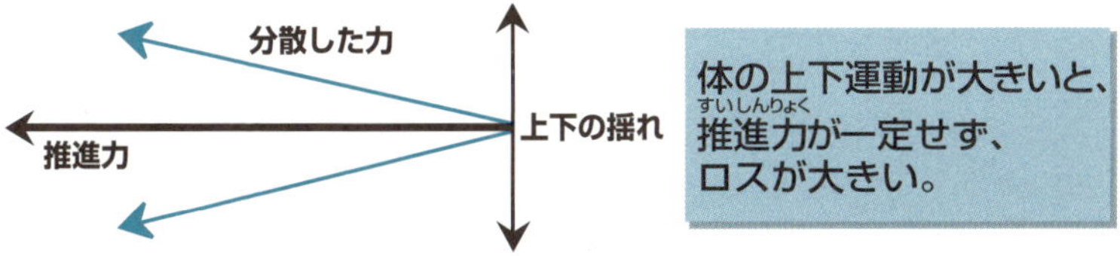

分散した力
推進力
上下の揺れ
体の上下運動が大きいと、
推進力《すいしんりょく》が一定せず、
ロスが大きい。

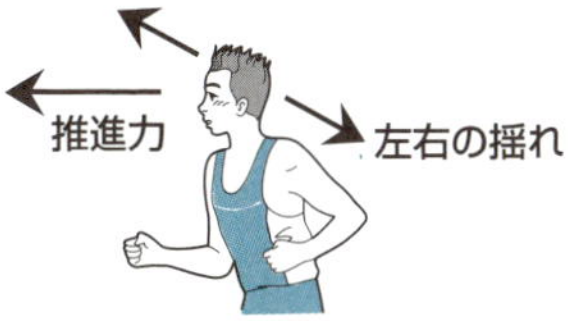

推進力
左右の揺れ

身体が左右に揺れても、推進力のロスが生まれる。

身体の上下、左右の振動を抑え、重心を保つことで無駄なく走ることができる。

走る② 短距離走

ベクトルの分散がタイムを決める

短距離走《たんきょりそう》は長距離走《ちょうきょりそう》と足の使い方が異なり、踵《かかと》を使わない。つまり、ほとんどつま先だけで走るのである。したがって、つま先でしっかりと地面をつかむように走ることで安定性と瞬発力《しゅんぱつりょく》が生まれる。

短距離走の場合は、数十秒の間に持っている全ての力を出そうとするので、長距離走と異なり、疲労の程度に関係なくベクトルの分散《ぶんさん》が生じやすくなる。たとえば100 mの直線コースを目を閉じてレーンからはみ出さずに全速力で走り切れる人はほとんどいない。これは誰もが体のバランスに異常を持っていてベクトルの分散が生じているからである。目を開けていると真っ直ぐ走れるのは、1歩1歩無意識《むいしき》に方向修正しているからだ。ベクトルの分散が大きいほど修正作業が多くなり、1/100秒を争うレースではタイムの差に影響が出るのは間違いない。

ベクトルの分散を少なくするためには、正しい姿勢《しせい》が大切だ。バランスの良い姿勢を保ちながら走ると、上半身は垂直に立っていて前に傾斜《けいしゃ》しない。下半身が動くときは、まず腰から動くが、これは骨盤《こつばん》の回旋運動《かいせんうんどう》である。しかし、体が前傾《ぜんけい》していると、骨盤の傾きが悪くなり下半身がスムーズに動かないし、体の揺れも大きくなり、ベクトルの分散も大きくなる。

人間の腰椎《ようつい》は真っ直ぐではなくS字型に曲がっており、この生理湾《せいりわん》曲《きょく》で衝撃をやわらげる。しかし、多くの人は姿勢が悪いため生理湾曲より強く曲がり、体が前傾してしまう。サッカーやバスケットボールなどでボールを意識するあまり前傾してしまう選手がプロの中にもいるが、それでは充分に自分の中にある能力を発揮できないといえる。プロがやっているからといって、決して真似をしてはいけない。

短距離走の走り方

短距離走《たんきょりそう》では、短期間に全ての力を出すため、長距離走《ちょうきょりそう》と足の使い方が異なる。

腕を振るより肩から動かす意識を持つ。

重心《じゅうしん》は立っているときより、前に出る。

踵《かかと》はほとんど使わず、つま先で地面を掃くようにキックする。

着地のとき、あまりひざを曲げない。

正しい姿勢を保つ

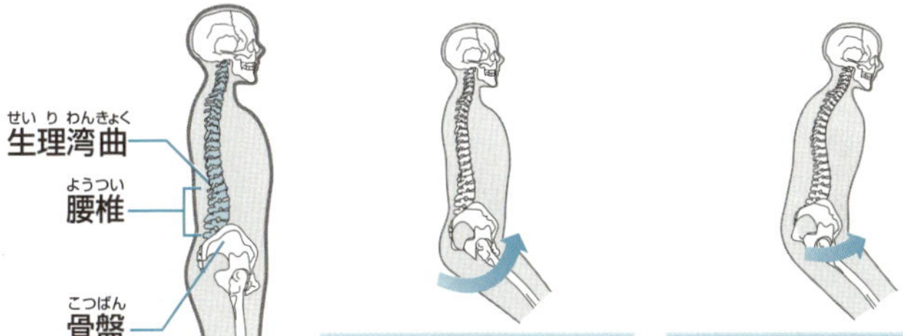

骨盤の回旋《かいせん》によって、下半身が動く。

体が前傾《ぜんけい》していると骨盤がうまく傾かず、下半身がスムーズに動かない。

バランスがよい姿勢ならば、走るときも身体は前傾しない。バランスがよい姿勢を保つことが大切。

跳ぶ① 高跳び

高く跳ぶための姿勢

体は背骨を回転軸《かいてんじく》（134ページ）とするので運動軸《うんどうじく》は背骨の付近に存在するが、体の重心《じゅうしん》は運動軸のやや前方に位置している。したがって、運動の中心になる運動軸と、重心の位置とはズレがある。

高く跳ぼうとするとき、上方へのベクトルは運動軸にあるが、重心と運動軸の位置が離れていると前方へのベクトルが生じるため、ベクトルの分散《ぶんさん》が生じる。ベクトルの分散は運動軸と重心が離れているほど大きくなる。また、バーを跳び越えるためには、重心とバーの位置が近いほうがよい。ベクトルの分散を防ぎながらバーと重心の位置を近づけるため、高跳《たかと》びのフォームは時代と共に大きく変化した。

かつて主流だった「はさみ跳び」は、基本的には幅跳《はばと》びと同じ動作で、前方へのベクトルを上へ転換《てんかん》したものである。しかしこの跳び方では、体の重心とバーが離れており、高さを求めるには無駄が多い。そのため生まれたのが、「ベリーロール」という跳び方で、バーと平行に空中でうつ伏せになって跳び越える。これなら、体の重心とバーの距離は近いのだが、膝がバーに引っかかりやすい。また、人の体は後ろより前へ曲がりやすい。そのため、ベクトルを上方に変換するときに足首が前方に曲がることで上体が前方に突っ込むため、重心が前方へ移動してしまい、ベクトルの分散も大きい。

現在主流の跳び方は「背面跳《はいめんと》び」である。背面跳びでは、跳び上がる直前に反転し、背中を反らせることで重心の真下に運動軸を位置させ、重心によるベクトルの分散を最小限に押さえる。また、背中がバーを越えた後お腹を引き締めることで腰の部分を持ち上げやすくなり、最後に足を上方に跳ね上げることで踵《かかと》が引っかかることにも対応できる。背面跳びは、関節《かんせつ》の動きを充分に活用した跳び方である。

走り高跳びのフォーム

高く跳ぶためには、バーと体の重心《じゅうしん》が近いほうがよい。
そのため、時代とともにフォームも変わってきた。

はさみ跳び

バーをまたぐように跳び越す。
重心とバーの距離が離れているため、跳び越えられる高さは低い。

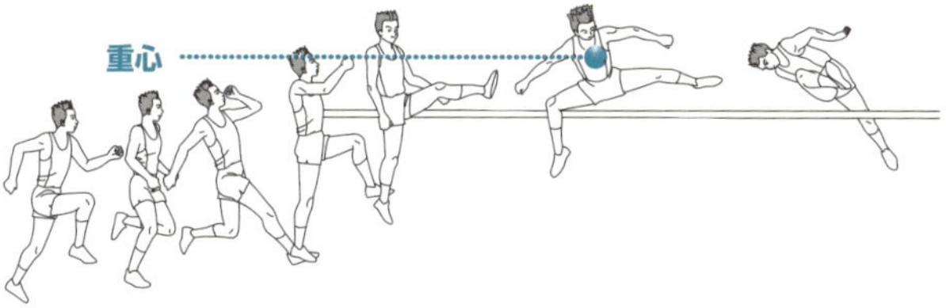

ベリーロール

バーにかぶさって、まわるように跳び越す。
重心とバーの距離は近いが、体が前方に曲がることでベクトルが分散する。

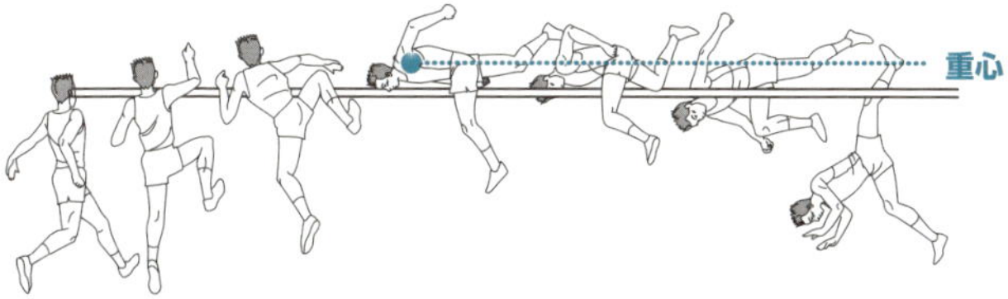

背面跳び

バーに背を向けて跳び越す。
重心とバーの距離が近く、ベクトルの転換《てんかん》も効率がよい。
現在主流の跳び方。

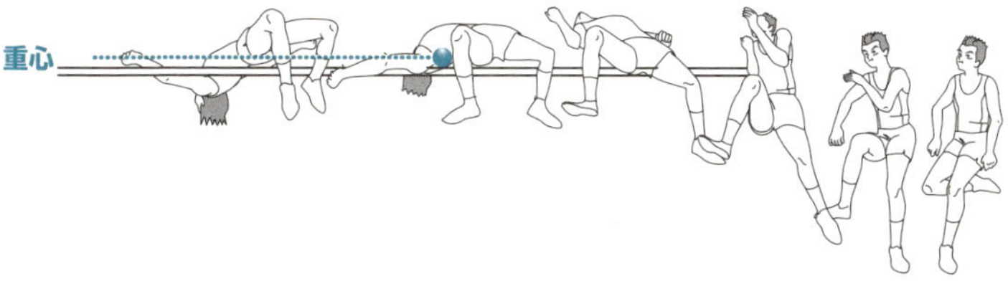

跳ぶ②　幅跳び

距離を伸ばすための姿勢

立《た》ち幅《はば》跳《と》びを、体の重心《じゅうしん》の移動と考えてみよう。体が跳ぶのは、重心が弧を描いて空中を移動することでもある。体を球体と考えると、球に加える力と方向が飛距離を決める。球に直接力を加えるなら、45度の角度で力を加えるとき、最も飛距離が伸びる。しかし、体の重心の位置はヘソの付近にあるが、重心へのベクトルが発生するのは地面との摩《ま》擦力《さつりょく》（地面をける力）だから、重心に直接力を加えることはできない。このため、実際に跳び出す角度は45度より小さくなる。

立ち幅跳びよりも走り幅跳びの方が、跳ぶ距離が長くなるが、これは助走の慣性力《かんせいりょく》が影響しているからである。助走は短距離走《たんきょりそう》とほぼ同じだが、跳ぶ直前に上方へのベクトルを得るために体が沈み込むので、体がコントロールできないほど速い速度になってはいけない。

跳び出す角度は、一般的には16～22度がよいとされているが、経験から割り出した方がよい。ただし単に跳び出すだけでなく、重心にどれだけ斜め上方へのベクトルを加えることができるかが重要である。

助走による水平方向のベクトルにストップをかけるため、踏み切り直後には体が前のめりになるので、体を反らすなどして防ぐ必要がある。現在主流の「はさみ跳び」では、跳び出した後そのまま空中を走り抜けるように足を動かす。そのとき腹筋《ふっきん》で上半身をしっかり支えないと、動作が不安定になり距離が低下してしまう。着地直前に空中で腰を曲げるのだが、単に曲げて足を引きあげただけでは尻が落ちてしまい、着地のときに跳んだ距離を無駄にしてしまうので、腹を引き締めながら、大腿部《だいたいぶ》を引き寄せるのと同時にしっかり尻を引き上げることが必要である。着地時には引き寄せた大腿部を一気に解放して前側方に重心を押し出すことができれば、尻が落ちることがなくなる。

幅跳びのフォーム

立ち幅跳び

体の重心《じゅうしん》とベクトルの発生する場所はズレがあるため、最も跳躍距離《ちょうやくきょり》が伸びる角度(45度)で跳び出すことはできない。

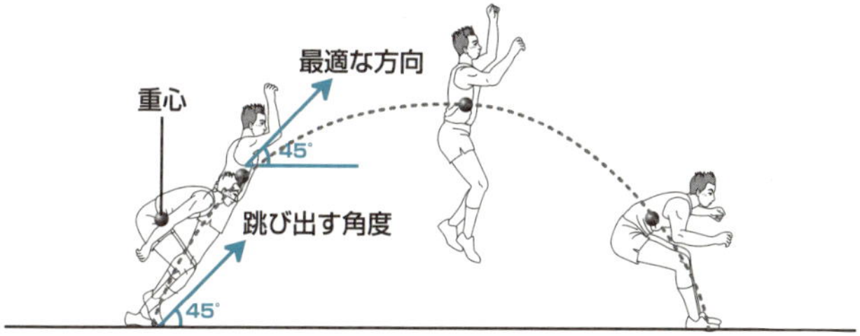

はさみ跳び

走り幅《はば》跳《と》びの跳躍距離はスピード＋技術(踏み切り＋空中姿勢)で決まる。

助走

できるだけ速いほうがよいが、体がコントロールできる程度でなくてはいけない。

踏み切り

20～25度の角度で跳び出す。

空中

体をまっすぐのばし、走るように足を動かす

着地

体を曲げ、足を前に出す。ひざを胸に引き寄せるようにして、尻を引きしめ着地する

泳ぐ

非重力場での運動

泳ぐという運動は、水の中という特別な環境で、浮力《ふりょく》を利用する。人の浮力の大部分は肺の容積に依存しているが、ほとんどの人は肺をふくらませていれば水に浮くことはできる。

浮力を得るためには、正しい姿勢《しせい》をとることが大切だ。胸の部分の骨は胸椎《きょうつい》、胸骨《きょうこつ》、肋骨《ろっこつ》(25ページ)が組み合わさり、かごのようになっている。これを「胸郭《きょうかく》」といい、肺や心臓を守ると同時に周囲の筋《きん》と連動して呼吸運動《こきゅううんどう》を助けている。バランスの良い姿勢なら、胸郭周囲の筋の緊張《きんちょう》がとれているため、肺の容積が大きくなり浮力が増すが、姿勢の悪い人は胸郭周囲の筋が緊張して胸郭を圧迫《あっぱく》し、肺の容積が小さくなり、浮力も減る。また、姿勢の悪い人は背中が丸くなり、うつ伏せで水中に浮いた場合、肺の部分が浮いても腰が沈んでしまう。これでは、同じように水中を進んでも、腰を浮かせるためのベクトルが必要になるため、推進力としてのベクトルが分散《ぶんさん》してしまうのである。

効率的に泳ぐためには、腕や足だけを使うのではなく肩胛骨《けんこうこつ》(25ページ)から腕、骨盤《こつばん》(25ページ)から足であるという意識で体を使うことが大切だ。つまり、泳ぐときに体幹《たいかん》(胴体)すべてを使わなければならない。もちろん体のバランスが悪いと短距離走と同様に真っ直ぐレーンを泳ぐことができない。

泳ぐということは、速く泳ぐことだけが重要なのではない。地上では必ず１Ｇという重力がかかり、その中で運動することは常に重心《じゅうしん》を安定させる筋の協調運動がつきまとう。しかし、水中なら全身を重力から解放させ、筋に地上では得られないリラックスをさせることができる。体の力を抜き、全身の筋を使いゆったりと、気持ちよく、のんびり泳ぐことも大切である。

水中で動く

なぜ泳げないのか

ほとんどの人は肺をふくらませれば、水に浮くことができる。
リラックスして体を自然に伸ばすことが大切。

背中が丸くなり腰が
沈んでしまうため、
腰を浮かせるベクトル
が必要となる。
胸郭周囲《きょうかくしゅうい》の筋《きん》が緊張《きんちょう》して、
肺を圧迫《あっぱく》する。
このため肺の容積が小さくなり、
充分な浮力が得られない。

水中での体の使い方

重力の影響が少ない水中では、地上とは体の使い方が異なる。

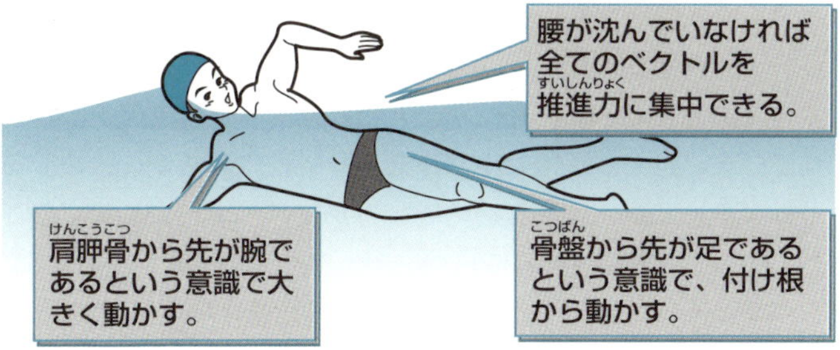

腰が沈んでいなければ
全てのベクトルを
推進力《すいしんりょく》に集中できる。
肩胛骨《けんこうこつ》から先が腕で
あるという意識で大
きく動かす。
骨盤《こつばん》から先が足である
という意識で、付け根
から動かす。

体全体を使って泳ごう。

持ちあげる

持ちあげる物の位置が重要

重心《じゅうしん》の位置と持ちあげる物の水平的な位置関係が、物を持ちあげる上で重要な要素となっている。

コーヒーカップ一つを持ちあげても、重心は移動する。重心の移動を避けるには、重心の位置と持ちあげる物の水平的な位置が近いほど、重心の移動が少なくなる。公園のシーソーを例に考えると、シーソーに乗る位置で1対2でも充分にバランスを取ることができる。つまり、シーソーの支点を重心と考えると、持ちあげる場合も体の重心と持ちあげる物の距離が近ければ、重い物を持ちあげることが可能になる。ダンベルを持ちあげるとき、腕を伸ばして持ちあげるより、体の近くで持ちあげた方が楽に持ちあがるのはこのためである。

重い物を持ちあげる場合に、「腰を入れろ」という言葉が使われる。腰を入れるということは、つま先を45度に開き、しっかりとお尻とお腹を引き締め、胸郭《きょうかく》(148ページ)を引き上げ、顔をやや上に向けることである。すなわち、正しい姿勢《しせい》を保つことが大切だ。

正しい姿勢を保てば、腰を痛めるのを防ぐこともできる。人の腰椎《ようつい》には生理湾曲《せいりわんきょく》がある(142ページ)。ところが、多くの人は正しい姿勢がとれていないため、正常な生理湾曲より腰椎の湾曲が大きい。このため、本来腰椎にかかる正しい方向に力が加わらず、腰を痛めることになる。正しい姿勢に近づけるためには、足の付け根を前方に出し、お腹を引き締めることで、腰椎が反り返らず、真っ直ぐに直立する方向へ骨盤《こつばん》を回転させなければならない。

正しい姿勢は、トレーニングのときにも重要だ。トレーニングをするときに正しい姿勢がとれていないと効果が少ないばかりか、体を痛める危険もある。まずは正しい姿勢を保つことをこころがけよう。

物を持ちあげる

重心と位置

物を持ちあげるときは、重心《じゅうしん》の位置と持ちあげる物の水平的な位置が近いほど、重心の移動が少なくなる。
つまり、体の重心と物の位置が近いほど、重い物を持ちあげることができる。

●位置が遠い

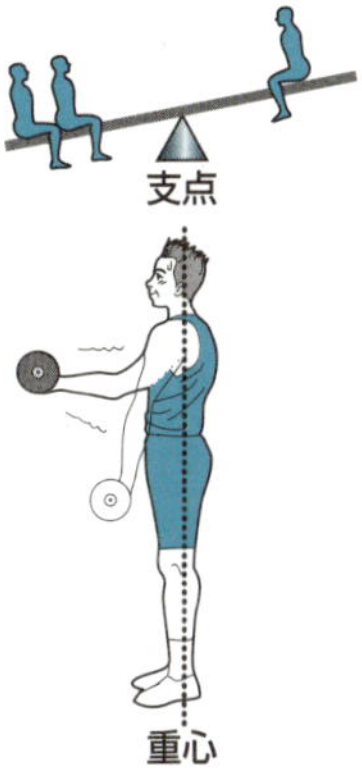

●位置が近い

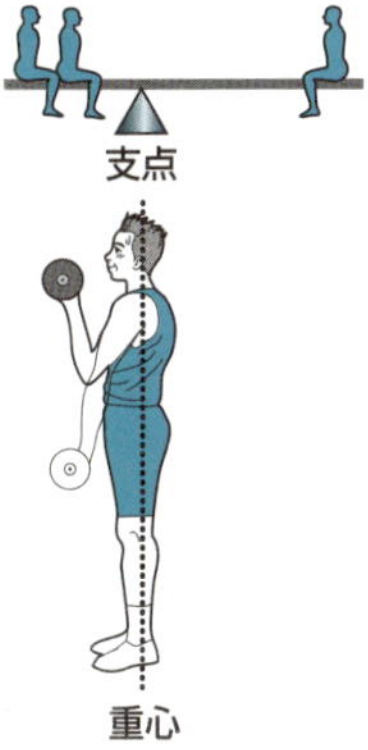

腰を入れた姿勢

重い物を持ちあげるときは「腰を入れる」というが、これは正しい姿勢をとるということである。

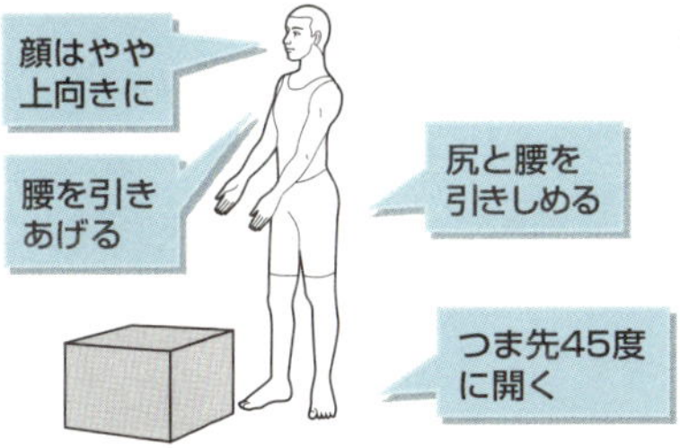

●正しい姿勢がとれていないと

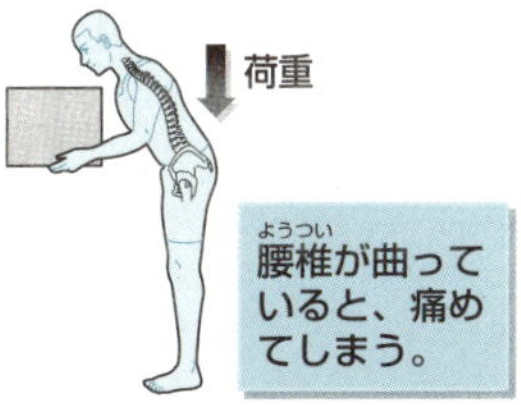

投げる①
オーバースロー

投球フォームの分析

物をより速く、遠くまで投げるということは、投げる物に、より大きな力を伝えることである。

物を投げるときには、てこの原理を利用している。支点《してん》から作用点《さようてん》までの距離が長い方が、投げるものに対して力を強く伝えることができる。野球などでボールをオーバースローで投げる場合、腕の回転だけで投げると支点は肩、作用点は手になる。しかし、支点を肩胛骨《けんこうこつ》に置くと、作用点の手までの距離が長くなり、ボールに伝える力も大きくなり、速い球を投げることができる。肩胛骨から腕であるという意識を持てば、大胸筋《だいきょうきん》だけでなく腹筋《ふっきん》も投球フォームに加わるので、腕の振りが速く大きくなる。

テークバックを大きく取ることによって体全体を回転させれば、始動から球をリリース（離す）するまでの距離が増すので、速い球を投げることができる。しかし、回旋角度《かいせんかくど》が大きくなれば回転軸《かいてんじく》がぶれやすくなり、ボールコントロールにも影響がでる。また、この場合には支点が重心と重なるので、しっかりと重心を安定させないとボールに充分な力を伝えられない。

また、投げるボールがソフトボール、ハンドボール、バスケットボールと大きくなるほど、慣性《かんせい》の法則《ほうそく》として、物体（ボール）を移動させる力の反作用《はんさよう》が大きくなる。つまり、体にかかる力も大きくなる。そのため、投げるボールが大きいほど、重心を保つのが難しくなり、ボールに充分な力を加えることができず、コントロールも難しい。

回転軸を保ちながら、体を大きく回転させ作用点に大きな力を伝えることが、物を投げるときのポイントとなる。もちろん、体を大きく回転させるほど、全身の動きを協調させるのは難しくなってしまう。

オーバースローで投げる

物を投げるとき、支点《してん》から作用点《さようてん》までの距離が長いほうが、力が強く伝わる。
オーバースローで物を投げる場合、支点を体のどこにおくかで伝わる力が変化する。

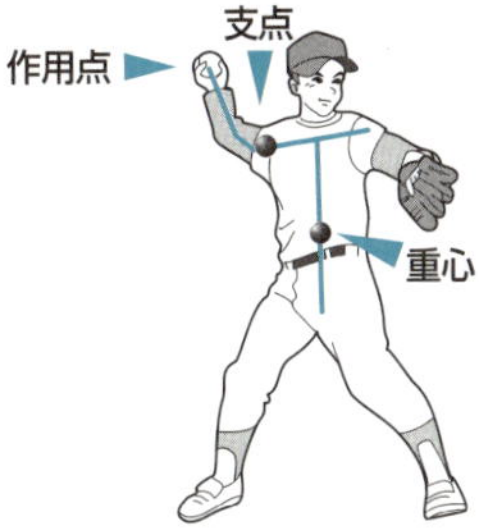

肩を支点として投げると腕の振りの力しか伝わらない。

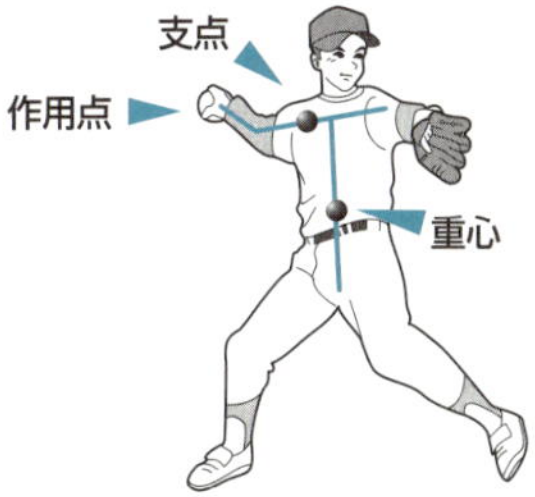

肩胛骨《けんこうこつ》を支点として投げると、大胸筋《だいきょうきん》、腹筋の力も伝えることができる。

テークバックを大きくとると、作用点の回旋《かいせん》する距離が大きくなるので、より強い力が伝える。

ただし、体の回旋する部分が多く、回旋が大きくなればなるほど、体をコントロールしてうまく力を伝えるのは難しくなる。

投げる②　アンダースロー

なぜアンダースローはコントロールがよいのか

オーバースローで投げた後、そのまま腕を下にすると手のひらは後方を向く。一方、アンダースローで投げた場合は腕が下にさがると手のひらが前方を向く。

直立して腕を下にしたまま手のひらを前方に向けると、自然に両肩が開き胸郭《きょうかく》（148ページ）も広がる。そのまま手のひらを後方に向けると両方の肩は前方内側にまるまってしまう。両方を比較してみると、自然な正しい立ち方に近いのは胸郭が広がる手のひらを正面に向けたときである。

胸郭が広がらないとバランスが悪くなり、バランスをコントロールするために、全身の筋を使うことになる。したがって、アンダースローよりオーバースローの方が運動動作《うんどうどうさ》で多くの筋に負担をかけることになる。一連の動作をする場合、多くの筋が協調《きょうちょう》する場合には、動作は散漫になるが、同じ動作を少ない筋でできれば、動作はコンパクトでまとまり、正確性が生まれる。したがって、使う筋が少ないアンダースローはコントロールが容易なのである。野球でトスをするときにアンダースローになるのはこのためだ。

しかし、その反面アンダースローでは使う筋が少ないためボールに大きな力が加えられず、スピードと距離《きょり》が出ない。スピードが必要なソフトボールのピッチャーは、腕を1回転させることによりボールの初速《しょそく》を増加させている。しかし、腕を回転させると慣性力《かんせいりょく》に上半身が振られてしまい、重心《じゅうしん》が不安定になるので、それを安定させるだけの充分なトレーニングを積まないとスピードやコントロールにも影響が出てしまう。ソフトボールのピッチャーはアンダースローの中でも特殊な投げ方なのである。

アンダースローで投げる

アンダースローとオーバースロー

●アンダースロー

アンダースローでは、肩の自然な回転で物を投げることができる。

●オーバースロー

オーバースローでは、全身の筋を使わなければならない。

ソフトボールの投球フォーム

ソフトボールのピッチャーは腕を1回転させて、ボールの初速を増加させるが、上半身が振られやすい。

重心位置のコントロールが必要。

腕が最下点に来ると同時に反対側の足を踏み出す。

投げる③ 砲丸投げ

重い物を投げるフォーム

重い物を投げることは競技としても特殊であり、一般競技では砲丸《ほうがん》投《な》げ以外にはない。

砲丸の重さは16ポンド（約7.252キログラム）もあるから、オーバースローで投げようとすると、後方から頂点に向かって持ちあげる動作で肩に負《ふ》荷《か》がかかり過ぎる。また、アンダースローではリリースポイント（球を手から離す位置）が低いので遠くに飛ばすことができない。したがって、その投げる動作も、首わきに砲丸をかまえ、それを支えた手のひらで一気に押し出すような特殊なものとなる。

砲丸を押し出すときに、反作用《はんさよう》として押し出した力と同等の力が体にかかる。そのため運動軸《うんどうじく》が不安定だと、反作用が運動軸をより不安定にし、砲丸に充分な力を伝えることができない。投げ出す力の反作用が体の運動軸を不安定にすることは砲丸投げに限らず、バスケットボールの小柄な選手や、テニスのラケットが大きすぎるなど、器具に振り回される場合すべてに共通する。これはウエイトトレーニングだけでは補えないのである。

現在主流となる投げ方は、グライド投法である。体を丸めた状態で後ろ向きから片足で体を移動させ、砲丸を投げる直前に体を反転《はんてん》させながら伸び上がり、腕を真っ直ぐ伸ばして砲丸を飛ばす。一連の動作によって得られた勢いを砲丸に無駄なく伝えるためには、腕を伸ばしたときの砲丸の射出方向《しゃしゅつほうこう》と、肩から軸足《じくあし》の付け根への軸、軸足の付け根から拇指丘《ぼしきゅう》へ至る足の軸を一致させ、重心を安定させ運動軸のブレを最小にしなければならない。このように、砲丸投げのテクニックは非常に難しいので、自分の体力と技術に合わせたレベルの練習を反復しながら、徐々に難しい動作を体に覚えさせなければならない。

重い物を投げる

うしろ向きグライド投げ

後ろ向きから始動、反転して砲丸を投げる。
現在、主流となるフォーム。

左右の足を入れかえ
ファウルを防ぐ

反作用と運動軸

●悪いフォーム

投げ出す力の反作用が
大きいので、運動軸が
不安定になりやすい。

●良いフォーム

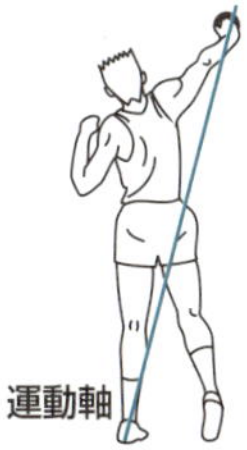

砲丸の射出方向から、
軸足《じくあし》の拇指丘《ぼしきゅう》までの
軸を一致させる

▶ スピードボール

スピードボールは、高さ1.7 mのポールから1.5mのナイロンコードでつるされたボールをプラスチック製のラケットで打ち合うスポーツである。

競技としては、1人で規定時間内に何回打てるかを競う「ソロ」、1対1で打ち合う「シングルス」、2対2の「ダブルス」がある。相手と打ち合う場合には、打ったボールが相手の前を2回通り過ぎたら、得点となる。10点先取で1セット終了、3セット、または5セットマッチが行なわれる。

打ち合うボールのスピードはかなり高速になるので、反射神経や敏捷性が必要で、運動量もかなり多くなる。しかし、競技以外にもチーム内で打ちつづける回数を競う「ラリー戦」などの楽しみ方もできるので、体力がなくても楽しめるスポーツだ。

第6章

スポーツ動作の分析

スポーツと身体能力

スポーツに必要な能力とは

前章では、人間の基本的な動作のメカニズムについて解説した。しかし、スポーツで行なわれる動作の中には、単なる基本動作の延長ではないような複雑な動作が多々ある。この章では、こうしたスポーツ競技に特有の動作やそれに関係する様々な事柄について説明しよう。

走る、投げる、相手をかわす、打つ…、スポーツに必要とされる動作はさまざまである。中にはアーチェリーのように、動きが極端に少ないものもある。では、スポーツに必要とされている能力は何だろう。

人間の活動は、「つよい―よわい」、「じょうず―へた」という観点で区別できる。右の図は、そうした観点でスポーツ種目を分類したものだ。陸上競技では、速いこと、パワーのあることは重要だが、野球の投手の場合、速い投球ができるだけでなくストライクが取れなければならない。またフィギュアスケートの選手などは、華麗《かれい》でしなやかな演技が必要とされ、力強い演技だけでは高得点は望めないだろう。

こうした「つよい―よわい」、「じょうず―へた」のもとになるのが、身体能力《しんたいのうりょく》だ。一般に、人間の身体能力は次の五つの項目に分類できる。

①敏捷性《びんしょうせい》（体を速《すみ》やかに移動、方向転換ができること）

②瞬発力《しゅんぱつりょく》（瞬間的に発揮される力のこと）

③筋力《きんりょく》（筋がどのくらい大きな力を発揮できるかということ。一般に筋力は、筋の太さに比例する）

④持久力《じきゅうりょく》（ある動きをどのくらいの時間持続できるかという能力）

⑤柔軟性《じゅうなんせい》（運動を円滑に行なうための能力。関節《かんせつ》が動く範囲によって決定される）

しかし、実際のスポーツでは、身体能力以外にも「スキル（技能《ぎのう》）」と呼ばれる能力が必要となる。次項では、スキルについて説明しよう。

スポーツに必要な能力

能力でスポーツを分ける

スポーツを行なうときに必要な能力は「つよい―よわい」「じょうず―へた」と分けることができる。
必要な能力によってスポーツをおおまかに分けると、次のようになる。

ボウリング・ゴルフ・アーチェリー・射撃 など	サッカー・野球・ラグビー・テニス など	陸上・水泳・重量挙げ など

スピード
持久力《じきゅうりょく》
瞬発力《しゅんぱつりょく》
重視される能力

正確性

←→

よわい　じょうず
つよい　へた

人間の身体能力

「つよい―よわい」「じょうず―へた」のもとになる人間の身体能力は五つに分けることができる。

	スポーツテストの種目
① 敏捷性《びんしょうせい》	反復横跳び・往復走
② 瞬発力《しゅんぱつりょく》	垂直跳び・立ち幅跳び
③ 筋力《きんりょく》	握力《あくりょく》・背筋力《はいきんりょく》
④ 持久力《じきゅうりょく》	12分間走・踏み台昇降
⑤ 柔軟性《じゅうなんせい》	体前屈《たいぜんくつ》・伏臥上体《ふくがじょうたい》そらし

スキル

「合理的な動き」を生み出す能力

前項で触れた「じょうずーへた」という区分は、自分で意図したどおりの動作ができるかどうか、ともいえる。こうした動作を行なうために必要な能力を「スキル」という。

スキルは、視覚《しかく》、聴覚《ちょうかく》、体性感覚《たいせいかんかく》（触覚《しょっかく》に筋《きん》や関節《かんせつ》などからの情報が合わさった感覚）、運動感覚《うんどうかんかく》（前3種の感覚によらない動きの感覚）、状況を判断する能力、正確な動作を行なう能力、動作を素早く行なう能力、正確さや素早さを持続する能力、などから成り立っている。こうした能力には前項であげた身体能力《しんたいのうりょく》が必要なのはもちろんだが、そのスポーツに必要な動作を身につけていなければならないし、競技の戦略《せんりゃく》、戦術《せんじゅつ》を知っていなければならない

たとえばサッカーでは、いくら速く走ることができても、ゲームの状況を的確に判断し、必要なゲーム戦術を選択できなければ、味方プレーヤーからパスをもらってシュートすることは難しいだろう。このような能力は「状況判断能力《じょうきょうはんだんのうりょく》」と呼ばれ、特に球技では重要度が高いと考えられている。さらに味方からパスを受け、相手のマークをかわし、適切なシュートを放つ、といった動作ひとつひとつを、素早く正確に行なう能力も必要になる。スキルとはこのような状況判断などにもとづいて、身体能力をいかに合理的に競技成績に反映できるかということである。

スポーツ選手には高い身体能力が備わっていることが必要とされるが、それだけでは良い競技成績を得ることは難しい。高い身体能力に加え、いつ、どんな技や技術を選択したらよいのか、状況の変化に柔《じゅう》軟《なん》に対応できるのか、それらを身体周辺の状況と照らし合わせて考え、自己決定《じこけってい》あるいは調節できることが求められる。

「じょうず—へた」を決めるスキル

スキルとはなにか

状況判断にもとづき、競技に適した身体動作ができる能力をスキルという。

- **視覚《しかく》、聴覚《ちょうかく》、体性感覚《たいせいかんかく》**
  運動感覚《うんどうかんかく》(前3種によらない感覚)

- **状況を適格に判断する能力**

- **素早く、正確な動作を行なう能力**

- **素早く、正確な動作を持続する能力**

スポーツが「うまい」ためには、身体能力に加え、競技に適した「スキル」を身につけていなければならない。

野球①
カーブ①

ボールを曲げる力

人間が物を投げるときの基本動作については、5章で説明した。しかし、野球ならではの投球《とうきゅう》技術《ぎじゅつ》ももちろんある。カーブ、シュート、フォークなどの変《へん》化《か》球《きゅう》もその一つだ。では、変化球では、なぜボールの進行方向が変化するのだろう。それを考えるには、まず空気の性質を知る必要がある。

コップに入った水を考えてみよう。手に持ったコップを回すと、中の水もコップの動きにあわせて徐々に回転するようになる。このような性質を「粘性《ねんせい》」といい、空気にも同じ性質がある。カーブを投げるとボールが変化して曲がることには、この空気の粘性が関係している。

ボールが回転しながら空気中を飛行すると、ボールの周囲には空気の粘性によって、ボールの回転と同じ方向に空気の流れができる。この流れがさらに周りの空気の流れに作用して、ボールの片一方の空気圧を高め、逆にもう片方の空気圧を下げる。その結果、図のように空気圧が高い側が低い側にボールを押すため、ボールが進む方向に対して垂直方向に力がはたらく。このような現象《げんしょう》を「マグヌス効果」と呼ぶ。現時点ではこのマグヌス効果によってカーブが曲がると説明されているが、まだよくわからない部分も多い。

マグヌス効果によってはたらく力（マグヌス力）は物体の回転数に比例して大きくなる。またボールにはたらくマグヌス力は、ボールの速度が時速約96kmまでは、速度に比例して大きくなるが、それから時速約140kmまでは速度に比例して小さくなることがAdair K.Robertの研究によってわかっている。

では、どのような体の動きによって、カーブに必要な回転がボールに与えられるのだろうか。次項で説明しよう。

カーブはなぜ曲る

粘性《ねんせい》のある流れの中で、球や円柱を回転させると、圧力の差によって、空気の流れに垂直な方向の力を受ける。
これを「マグヌス効果」という。

進むボールとマグヌス効果

●回転しないボール

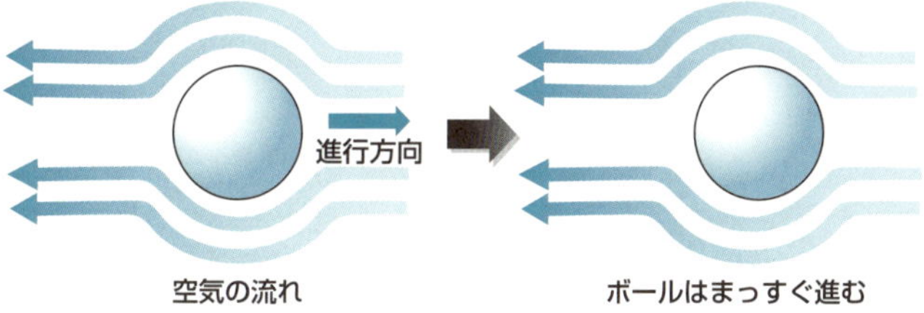

●回転するボール

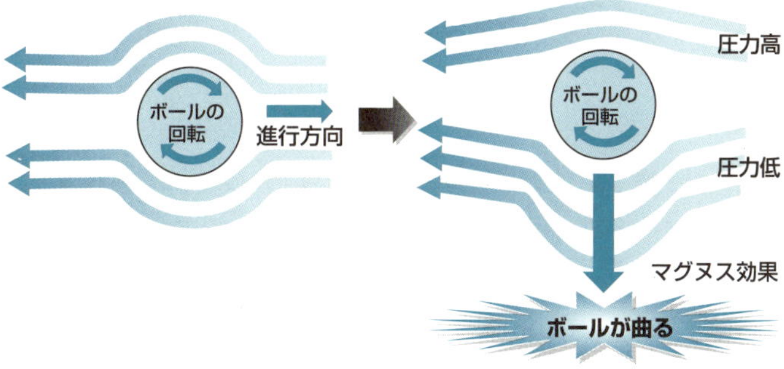

実際のボールには縫い目があり、均一でない(縫い目の位置によって空《くう》気《き》抵抗《ていこう》が変化する)。
これらを利用して、マグヌス効果をコントロールしてボールにいろいろな変化をさせることができる。

野球②
カーブ②

ボールを回転させる動作

回転しているボールには、空気圧で進行方法に対して垂直の力がかかり、ボールが曲がることを説明した。では、直球とカーブ（回転するボール）では、投げ方にどのような違いがあるのだろうか。

人間の上肢《じょうし》は、図にみられるように七通りの運動を行なうことができる。Sakuraiらのカーブとストレートの投球動作を高速度カメラで撮影し、七つの運動について比較した研究によると、前腕《ぜんわん》と手首の動きに違いがあることがわかった。カーブの投球時、前腕はストレートの時よりも大きく回外《かいがい》していて、逆に手首については、ストレートではカーブよりも大きく背屈《はいくつ》していたのだ。つまり、カーブに必要なボールの回転は、前腕の回内《かいない》・回外によって与えられると考えられる。

投球フォームがどのように変わるか見てみよう。投球動作を開始してテイクバックが完了する頃から、カーブを投げるときには手の甲が自分自身の顔の方向を向くが、ストレートでは手部の親指側が顔の方向を向く。そしてボールがリリースされるときに、最終的に中指や人差し指によってボールに回転が与えられ、カーブが投げられると考えられる。Adair K.Robertの研究によるとこのとき、ボールの回転数は、分速1600～1800回転にもなる。

マグヌス力によるボールの変化は、ボールが空気に触れている時間が長いほど大きくなる（ボールの速度が遅いほど大きい）。また、ボールにはたらくマグヌス力は時速約96kmから140kmまでは速度が速いほど小さくなる（164ページ）。このため、速球で大きく曲がるカーブを投げることはできない。

近年のすぐれた野球の投手は、様々な変化球を投げる。しかしそのメカニズムには、まだよくわからないことも多い。

腕の動きとカーブ

上肢ができる運動

人間の上肢は7通りの運動を行なうことができる。

●肩

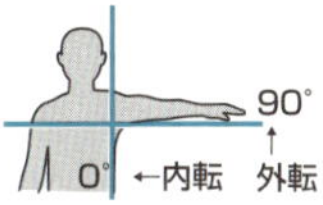

外転《がいてん》・内転《ないてん》

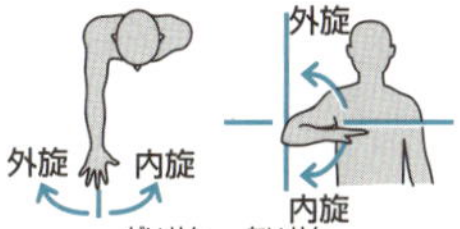

外旋《がいせん》・内旋《ないせん》

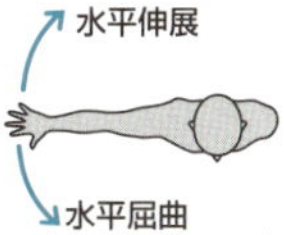

水平伸展《すいへいしんてん》・水平屈曲《すいへいくっきょく》

●肘

屈曲《くっきょく》・伸展《しんてん》

●前腕

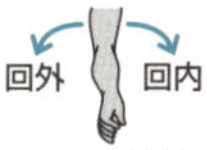

回外《かいがい》・回内《かいない》

●手

背屈《はいくつ》・掌屈《しょうくつ》

橈屈《とうくつ》・尺屈《しゃっくつ》

投球フォームを調べると

カーブを投げるとき、前腕はストレートより大きく回外し、手首は大きく背屈する。

前腕の回外と手の背屈によってボールに大きな回転が与えられ、球が変化する。

野球③ バッティング①

バッティング動作の分析

一般に打動作は、並進運動《へいしんうんどう》と回転運動《かいてんうんどう》とからなる。地面をけって打球方向に体の重心《じゅうしん》を移動（並進運動）して、タイミング良く体幹部《たいかんぶ》（胴体）を回転させることが、力強い打動作には必要とされている。それではタイミングの良い回転とは具体的にはどのような現象《げんしょう》なのだろうか。

バッティング中の足（膝《ひざ》など）、腰、肩、肘《ひじ》、手首、バット先端などの速度を計測し、それぞれの部分の速度の最大値に注目してみると、足、腰、肩、肘、手首、バット先端の順序で、それぞれの最大値が見られることがたびたび報告されている。つまり地面に近い部分から徐々に速度が高まり、最終的にバット先端の速度が最大値を示すという順序となる。このような現象はむちを振ったときにみられるむちの動きに似ていることから「むち動作」と呼ばれ、好ましいと評価される打動作《だどうさ》全般《ぜんぱん》にみられる現象とされている。

身体運動にみられるむち動作についてよく観察してみると、バットスイングの開始では足部が打球方向へ移動する動きがみられるのに対して、肘やバットは打球方向と反対の方向へ移動している。つまり、同じ時刻で足部と肘やバットでは運動の方向が異なる、「位相《いそう》ずれ」がみられる。この位相ずれは、たとえば、体幹部のひねりをもたらす。このひねりは体幹部の筋群《きんぐん》を活性化《かっせいか》し、力強い打動作を可能にすると考えられる。またバットを後方に引くことで、その分バットの加速行《かそくこう》程《てい》を長くして、バットの加速を容易にすると考えられる。

むち動作には以上のような特徴がみられるが、実際のバッティングでは、飛んでくるボールに対してバットを衝突させなければならないため、必ずむち動作がみられるとは限らないようである。

ボールを打つ力の源

むち動作

バッティング中の体の各部分の速度を計測すると、地面に近い部分から順番に最大加速に達する。

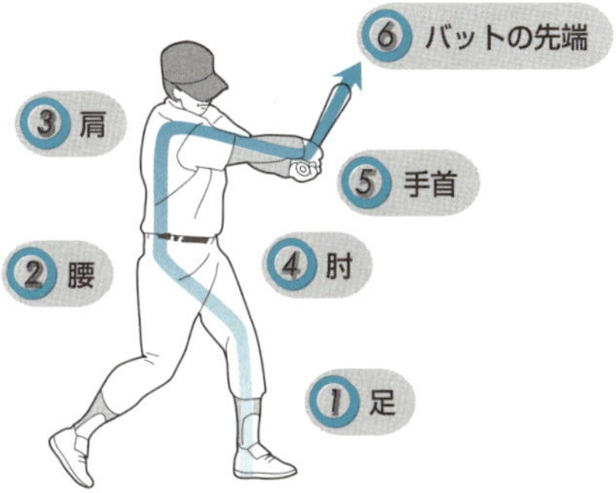

こうした、先端まで順番に最高速度に達する動きを「むち動作」と呼ぶ。
「むち動作」は力強い打動作全般にみられる。

位相ずれ

バッティング中の体の動きを観察すると、同じ時刻に足部と肘やバットが逆方向に移動する「位相《いそう》ずれ」がみられる。

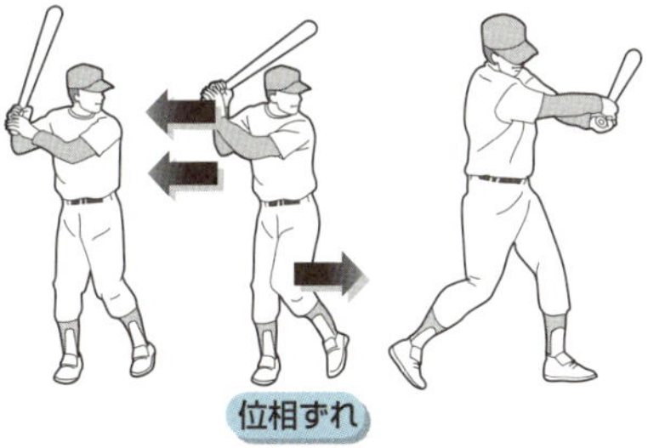

この「位相ずれ」は体のひねりをもたらす。
このひねりは、体の筋を活性化し、力強い動作を可能にする。
また、体をひねることによって大きな回転をもたらす。

野球④ バッティング②

バッターは球種を予測している

ピッチャープレートからホームベースまでの距離《きょり》は18.44mあり、プロ野球のピッチャーが投げたボールはおよそ0.45秒でバッターに届く。実際の野球のゲームでは、ピッチャーが投げるいくつもの球《きゅう》種《しゅ》やコースに合わせたバッティングが必要で、非常に複雑な状況でバッティングを行なっている。このような状況下でのバッティング動作開始に要する反応時間《はんのうじかん》がSlater-HammelとStumpnerによって実験的に調べられた結果、およそ0.34秒であった。また、バッターがバット・スイングをはじめてからボールに当たるまでにはおよそ0.2秒かかることがRaceによって報告されている。つまりピッチャーの手からボールが離れてからスイング動作を始めるのでは間に合わないことになる。そこで必要になるのが、ボールがピッチャーの手から放れる前に球種を予測することである。

それでは、どのようにして予測を行なうのか？ カーブ②(166ページ)において、カーブを投げるときには手の甲が顔にむくことを述べたが、このような投球動作の特徴から次の球種を予測することが可能であるとされている。こうした動作の特徴を、「視覚手がかり(visual cue)」と呼び、熟練者《じゅくれんしゃ》は初心者よりも視覚手がかりの認知《にんち》に優れているため、予測精度《よそくせいど》が高いとされている。

バッターが球種を予測する手がかりは、視覚手がかりだけではない。実はゲームの状況なども、手がかりになるのだ。次項では、ゲームから読み取れる手がかりについて説明しよう。

球種を予測する手がかり

バッティングにかかる時間

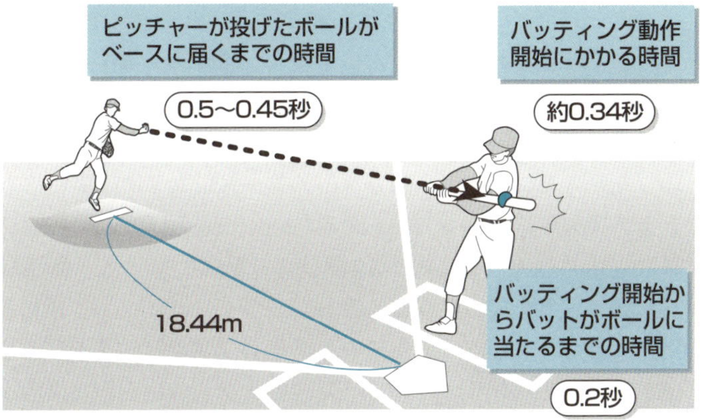

プロ野球のバッターはピッチャーがボールを投げる約0.1秒前にはバッティング動作を開始している。

視覚手がかり

すぐれたバッターはピッチャーの動作の特徴から、球種を予測することができる。

野球⑤ バッティング③

ゲームから読み取れるもの

バッターはスイング動作をはじめるまえに、視覚手がかりで球種《きゅうしゅ》を予測していることは説明した。しかし、球種を予測する要素は視覚手がかりだけではない。

野球の実際のゲーム状況に合わせて配球《はいきゅう》した場合と、ランダムに配球した場合とについて、バッターのコースに対する予測精度《よそくせいど》と判断できるまでの時間を調べたPaull & Glencrossの研究によると、ランダムな場合よりもゲーム状況に合わせた配球に対して予測精度が高く、判断できるまでの時間が短かった。つまりバッターは視覚手がかり以外にもゲーム状況そのものをも利用して次の球種を予測することができると考えられる。このように現在のゲーム状況から次のゲーム状況を予測することを、ゲームの文脈《ぶんみゃく》(context)を読むという。

たとえばノーストライク・スリーボールのときとツーストライク・ノーボールのときでは、ピッチャーが次に投げるコースは違うだろう。またどの塁にランナーがいるか、そのランナーは足が速いのか、変化《へんか》球《きゅう》が得意なピッチャーか、次のバッターの能力は？ などピッチャーが配球を決める要素は数多くある。

すぐれたプレーヤーは、ゲーム中に見られるさまざまな情報を統合して、次に起こることを正確に予測することができると考えられる。ところが初心者の場合、そうした情報そのものに目を向けることができない。あるいは、目を向けることができたとしても、それが価値ある情報と判断できない。そのため予測精度が低くなると考えられている。

では、実際の配球が予測と異なった場合、バッターはどう反応するのだろう。次項で説明しよう。

ゲーム状況を予測する

配球と予測精度

●ランダムな配球
ストライクやボール、アウトの数や点を取られることと関係なく配球。

● ゲーム状況に合わせた配球
ストライクやボールの数、点がとられることを考えて配球。

ゲーム状況に合わせた配球のほうがバッターの予測精度が高い。

↓

バッターは現在のゲーム状況から、次のゲームの状況(配球)を予測している。
これを「ゲームの文脈(context)を読む」という。

ゲームの文脈を読む

すぐれたプレイヤーは、ゲーム中に見られる情報を予測して、次に起こることを予測できる。
例えば、ツーストライクノーボールなら、

ボールでも
いいから
きわどい
ところを
ねらおう
ボールを混
ぜてくるな

ゲームの文脈を読むには、ゲーム中の様々な情報を統合して理解する能力(熟練)が必要。

野球⑥ バッティング④

振り始めたバットをコントロールできるか？

ピッチャーの手から離れたボールは、わずか0.4秒余りでバッターに到達する。この間バッターはピッチャーが投じる球種《きゅうしゅ》を予測し、力強く振り出したバットとボールの衝突《しょうとつ》を成功させなければならない。この衝突はどのようにして達成されているのだろうか。

バットやラケットを振る打動作はバリスティック（ballistic：弾道《だんどう》のような）運動と呼ばれ、いったん振り出した打具の運動は修正することはできず、あらかじめ設定された軌道《きどう》をたどると考えられてきた。バットとボールの衝突位置を予測し、その地点にいたるまでのバット軌道を決定してからバッティングが行なわれるという考え方である。その際、目から入ってくる視覚情報を刻々と取り入れ、あらかじめ設定された軌道との誤差《ごさ》を可能な限り小さくする（フィードバック制御《せいぎょ》）ことは、人間の脳が処理する速度を考えると不可能である。つまりいったん振り出した打具の軌道を修正することは不可能とされてきた。このような人間の運動に対する考え方を、運動プログラム理論と呼ぶ。

しかし、Bootsma と Van Wieringen は卓球のフォアハンドストロークにおいて、飛んでくるボールに対するラケットの運動を詳細に検討した結果、ラケットが振り出されてからもプレーヤーは運動の修正を行なっていることを示した。また Matsuo らは、野球のバッティング動作においても動作開始後にも修正が行なわれていることを示した。これらの研究では、視覚情報と人間の運動がダイレクトに連係しているという考え（知覚《ちかく》と行為《こうい》の結合《けつごう》：perception-action coupling）をもとにしている。

打動作のようなダイナミックな運動は、まだ不明な点が多い。これからさらに研究が行なわれるであろう。

振ったバットはコントロールできるか

バットやラケットを振るような「バリスティック運動」の際、打道具がコントロールできるかについて、二つの考え方がある。

運動プログラム理論

あらかじめ定められた目標に向かって、打具を振る。
振り出した打具の動きは修正できない。

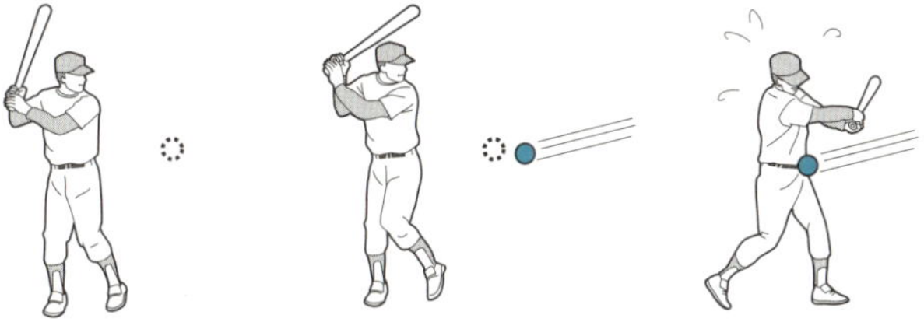

予想した位置に球がこないが、動きは修正できない。

知覚と行為の結合

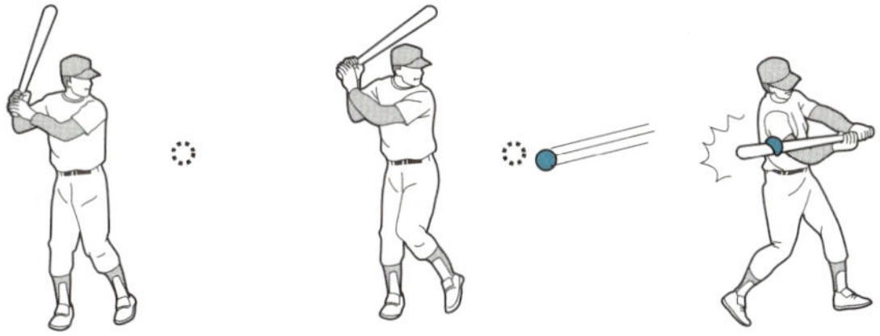

予想より低い位置に球が来たことを知り、動きを修正＝知覚と行為の結合

卓球のファアハンドストローク、野球のバッティングなどでは、打動作の開始後にも動作の修正が行なわれていることが確認されている。

テニス／サービス

サービスで行なわれる運動

近年テニスのサービスは非常に高速化しており、時速200kmを超すサービスを行なう選手が男子だけでなく女子選手にも現れた。では、こうしたサービスは体のどんな動きによって生み出されるのだろう。

167ページのように人間の上肢《じょうし》は七つの運動ができ、テニスのサービスもこれら七つの運動からなりたつと考えられる。上肢の七つの運動がどの程度サービス速度に関わっているか（貢献度《こうけんど》）を調べたElliottらの研究では、インパクトのときもっとも貢献度が高い運動は、肩関《かたかん》節内旋《せつないせん》（54.2%）で、次は手の掌屈《しょうくつ》（30.6%）である。同じ方法でテニスのフォアハンドストロークについて調べた結果、インパクトのときにはやはり肩関節内旋の貢献度が最も高いことがわかった。

肩を内旋・外旋《がいせん》させてラケットの速度をあげるためには、上肢関節の角度が問題になる。図のように、肘関節《ひじかんせつ》と手首を完全に伸ばした状態でラケットを真っ直ぐ伸ばし肩関節内旋・外旋を行なってみると、ラケットはスイングしない。しかし、肘関節を曲げた状態で内旋・外旋を行なうと、ラケットはスイングするだろう。つまりラケットヘッドの速度は、肩関節が内旋あるいは外旋方向に回転する速さ（角速度《かくそくど》）と、肘関節に対するラケットヘッドの位置によって変わるのだ。

肩関節内旋の貢献度が最も高い運動には、野球の投球動作《とうきゅうどうさ》（リリース時）、スカッシュの打球動作《だきゅうどうさ》、ソフトテニスのフォアハンドストロークなどがある。しかし、みためにはテニスのサービスに近いと思える水球のシュート動作では、リリース時に貢献度が最大なのは肘関節伸展であることがわかっている。みためが似ている＝動作が似ている、とは限らないので種目ごとに詳細に調べることが必要だ。さらに、上肢だけでなく、体幹部《たいかんぶ》や下肢《かし》に注目して調べる必要もあるだろう。

サービス

サービスを生む動き

サービスでインパクトのとき、関係が深い動きは、

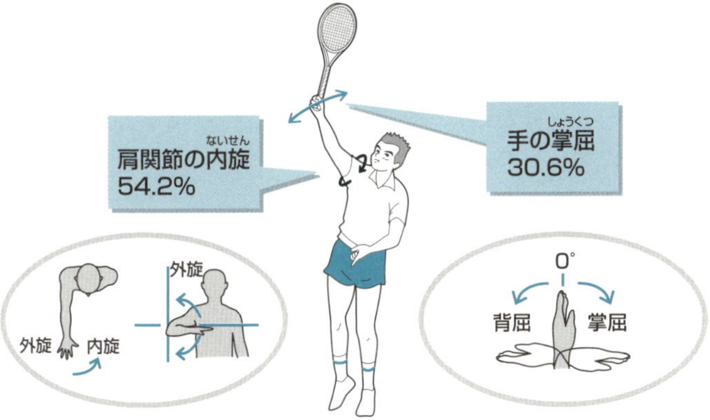

スイングと手首

肩関節の内旋による力を効率よく伝えるためには、肘関節の角度も重要になる。

●上肢がまっすぐな状態

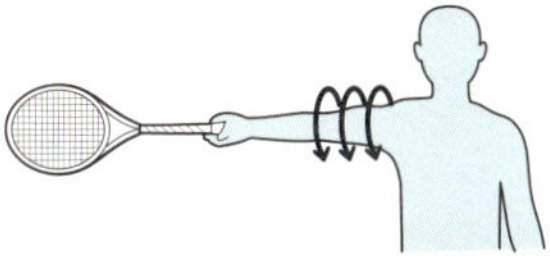

肩関節をいくら内旋させても
ラケットはスイングしない。

●肘関節が曲がった状態

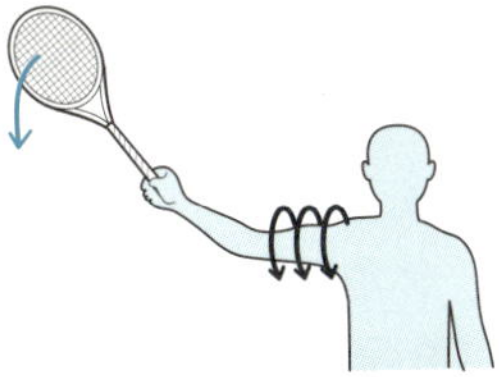

肩関節の内旋によって
ラケットがスイングする。

スキー①
スキーはなぜ滑る

雪面でかかる力

スキーではなぜ雪の上を滑ることができるのだろうか。

図は圧雪《あっせつ》された雪面上で真っ直ぐ滑ろうとしているスキーヤーと、雪面にはたらく力を示したものである。圧雪されているのでスキー板が雪に沈むことはないとし、さらに非常に低速滑走《ていそくかっそう》しているので空気《くうき》抵抗《ていこう》は無視できると考える。ここには、スキーヤーの体重とスキー板の重さによる重力《じゅうりょく》W（地球中心方向に向かう力）、重力Wの雪面に垂《すい》直方向成分《ちょくほうこうせいぶん》である（雪面《せつめん》を押しつける力）W1とその反作用《はんさよう》であるW2、雪面から受ける摩擦抵抗《まさつていこう》F0という力が存在している。

ここで斜面方向《しゃめんほうこう》についてみると、重力Wの斜面方向の成分は、図のW'となる。W'はスキーヤーの進行方向《しんこうほうこう》と一致するが、摩擦抵抗F0は反対方向の力なので、W'とF0は互いに引っ張り合いをしていることになる。ところが摩擦抵抗F0は、雪面が滑《すべ》りやすい状態なのでW'よりも小さい。そのためスキーヤーは前方方向へ滑走《かっそう》することになる。この時スキーヤーの推進力F1は、F1＝W'－F0である。また図からもわかるように、雪面の傾斜角度《けいしゃかくど》が急であれば重力の斜面方向成分W'は大きくなり、摩擦抵抗F0は小さくなる。このため、斜面が急なほどスキーヤーの推進力《すいしんりょく》は大きくなり、スピードも増すのだ。

ターンでは、たとえばボーゲン（スキー板を「ハ」の字型にして滑る技術）では、ターンの時にどちらか一方の足に体重をかける。この時、体重を移動した方のスキー板には、もう片方の板よりも大きな抵抗（雪面から受ける抵抗）が進行方向に対して垂直方向に与えられる。つまり、進行方向に対して横向きの力が加わり、スキーヤー全体には斜面方向に下る力（進行方向）と横向きの力の合力《ごうりょく》が加わることになる。その結果、スキーヤーは徐々に曲がることができるのだ。

スキーのメカニズム

スキーヤーにはたらく力

圧縮された雪面上で真っ直ぐ滑ろうとしているスキーヤーにはたらく力は次のようになる。

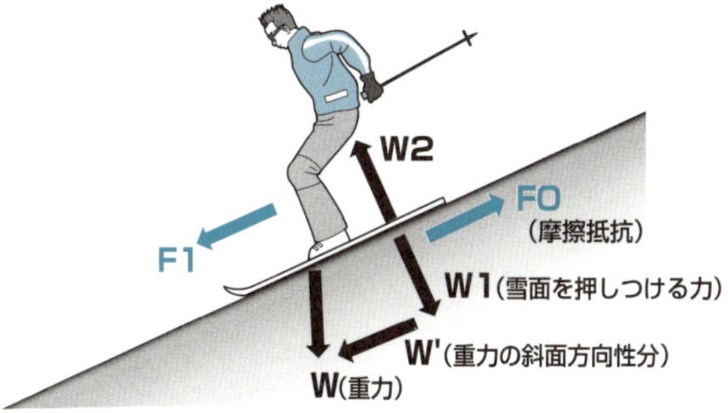

スキーヤーの推進力 F1 ＝ W'（重力の傾斜面成分《けいしゃめんせいぶん》）－ FO（摩擦抵抗《まさつていこう》）

斜面が急なほど大きい。

圧雪されているほど小さい。

ターン

ボーゲンは曲るとき、曲る方向の反対側の脚に体重をかける。

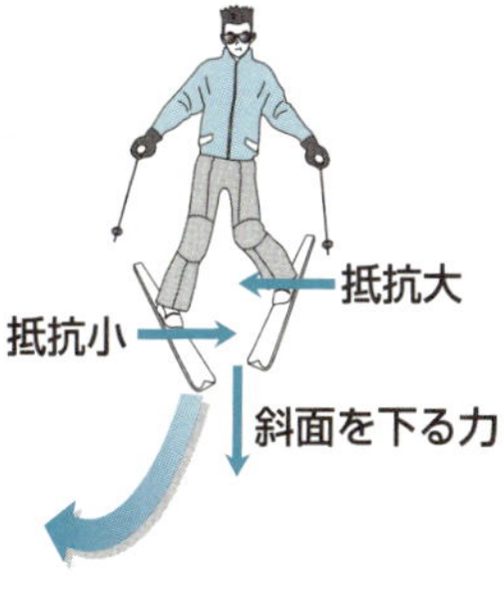

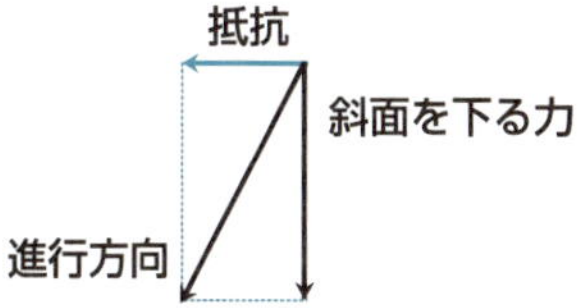

斜面を下る力に抵抗が加わることによって進行方向が変化する。

スキー②　ジャンプ

飛距離と姿勢

スキーのジャンプ競技は、アプローチ（滑走《かっそう》）、テイクオフ（ジャンプすること）、空中、そして着地の四つの局面《きょくめん》に分けることができるが、より遠くへ飛ぶためには、最初の3局面が重要となる。

たとえば人を単なるボールとして考えた場合、ジャンプ台から飛び出す瞬間の速度が速ければ速いほど、遠くまで飛ぶことができると考えられる。したがってアプローチ局面では、できる限り空気抵抗《くうきていこう》（186ページ）を受けない姿勢《しせい》を保つことが必要である。1970年代までは両手を膝《ひざ》のあたりにもってくる滑走フォームが多かったが、現在では両手は後方へまっすぐのばした状態で体側に固定させるフォームが主流となっている。

ところで、テイクオフではジャンプ台からどの程度の角度で飛び出せばよいのだろうか。空中に飛び出してしまってからでは、姿勢を整えることは難しい。Watanabeは実際の大会でのジャンプ動作を分析し、日本選手と外国選手では飛び出し角度が異なることを報告し、ジャンプ直前の姿勢が影響しているのだろうとしている。これは、単にジャンプ台に対しての飛び出し角度を検討しただけでは、飛距離《ひきょり》増加の原因を突き止められない可能性があることを示している。Jostらは、テイクオフの前後の範囲にわたって、身体関節角度《しんたいかんせつかくど》やジャンプ台と身体間の角度と飛距離との関係を検討した。その結果、足関節《あしかんせつ》（足首）と膝関節角度《ひざかんせつかくど》とに飛距離との関係がみられたことを報告している。

テイクオフ後の空中姿勢は、1990年代になってスキーをV字型に開く姿勢が主流になったことはよく知られている。V字型では板をそろえた場合とくらべると、上方へのより大きな空気抵抗を受ける。このため、飛距離を延ばすことができるのだ。

ジャンプ競技

ジャンプのプロセス

ジャンプは四つの局面に分けることができる。
距離だけでなく、動作の安定性も採点される(飛型点)ので、美しい姿勢を保たなければならない。

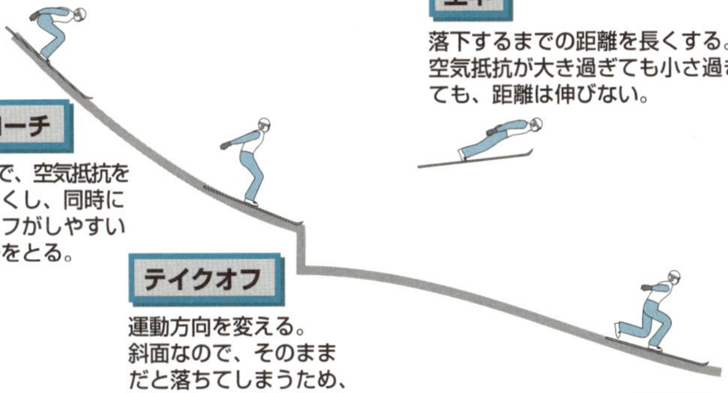

アプローチ

低い姿勢で、空気抵抗を受けにくくし、同時にテイクオフがしやすい準備姿勢をとる。

テイクオフ

運動方向を変える。斜面なので、そのままだと落ちてしまうため、垂直方向へ飛び出す。最も重要な局面。

空中

落下するまでの距離を長くする。空気抵抗が大き過ぎても小さ過ぎても、距離は伸びない。

着地

失敗は減点対象となるので、早過ぎても遅過ぎてもいけない。

V字型ジャンプ

1990年代になって主流になった飛び方。
スキーを開くために断面積が大きくなり、滞空時間が長くなる。

●**V字型**

断面積

●**従来の飛び方**(板を平行にそろえる)

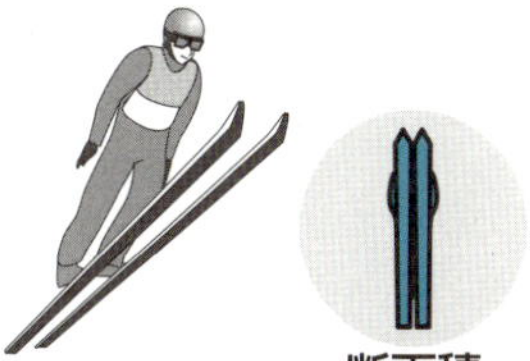

断面積

自転車①
走る自転車はなぜ倒れない

ジャイロ現象による安定

静止《せいし》した自転車やオートバイは倒れてしまうが、走っていると倒れない。高速でカーブを曲がるときなどは、体を移動させたり、横に倒したりするが、それでも倒れない。なぜだろう。

自転車の車輪の回転軸《かいてんじく》は、その中央部分にある。回転軸が回転する物体の中心部にある場合、摩擦《まさつ》などの外力《がいりょく》が与えられない限り、物体は回転しつづける。このような性質を「慣性《かんせい》」という。慣性の特徴として自転車の車輪が回転し始めると、その回転軸の方向を一定にしようとする性質があり（ジャイロ現象《げんしょう》）、特に高速で回転している場合にその性質はつよく現れる。つまり、自転車を高速で走らせているときは、その自転車の車輪の回転軸が向いている方向は一定であろうとする性質がはたらく。そのため、走っている自転車は倒れないのだ。

ジャイロ現象の例としてよく知られているのは、コマだ。コマが地面に対して垂直に回転する状態は、走行する自転車の車輪を90度傾けた状態と同じである。コマが高速で回転しているときには、自転車が倒れないのと同じ理由で倒れることはない。ただしコマの場合、回転軸と地面が接触《せっしょく》しており、摩擦があるため、やがて回転が止まり倒れてしまう。

また、ジャイロ現象には、回転軸に外力を加えるとその外力と垂直方向に回転軸が移動する性質がある。コマを例にすると、回転軸に外力を加えると、その結果回転軸は傾くが、それとともに回転軸が移動する。このような現象が連続すると、コマが首を振ったように回転する。このような運動をコマの才差運動《さいさうんどう》と呼ぶ。この才差運動によって、自転車は体を傾けて体重を一方に寄せると、倒れることなく曲がることができるのだ。

走る自転車のメカニズム

ジャイロ現象

回転軸《かいてんじく》が、回転する物体の中心にある場合、回転軸の方向は一定であろうとする性質があり、これを「ジャイロ現象」と呼ぶ。

このため走る（車輪が回転する）自転車は倒れない。

才差運動

ジャイロ現象には、回転軸に外力《がいりょく》を加えると、外力と垂直方向に回転軸が移動する性質がある。これを「才差運動《さいさうんどう》」とよぶ。

コマに外力を加えると
才差運動によって大きく
回転し、倒れるのを防ぐ。

走っている自転車に外力を
加える（体重を寄せると）、
才差運動によって倒れる
ことなく曲る。

自転車②
速く走るには？

速く走るための技術

自転車のロードレースでは、平均時速40km以上という自動車並のスピードで疾走《しっそう》することがある。自転車でより速く走るための条件については、さまざまな研究が行なわれている。

図のように、自転車のペダル部分が円弧《えんこ》を描くような力を与えれば、自転車は前に進む。したがって、ペダルにかかる力のなかで、ペダルが描く円弧の接線方向《せっせんほうこう》の力が大きいほど速く走ることができるはずだ。Pons & Vaughanの研究によると、この接線方向の力に対しては、大腿直筋《だいたいちょっきん》（太腿前部《ふとももぜんぶ》の筋肉）が関係していると考えられている。

Davis & Hullの研究では、自転車のアンクリング（ankling；ankle：足首）という技術について、具体的にその効果を検討している。彼らはまず、ペダルに取り付ける「トゥー・クリップ」とよばれる足の固定器具をつけた場合をつけない場合とくらべた結果、足を引き上げるときの効率性《こうりつせい》が改善《かいぜん》されたことをみいだした。またさらに、足を引き上げるときに、「ペダルに対して垂直上向きへの足の引きと、進行方向《しんこうほうこう》と反対の後方へのペダルに対する足のずれを意識して」という指導を行なった結果、さらに効率性の改善がみられたことを報告している。このような指導によって、ペダルが描く円弧接線方向の力が増加したことによって効率性が改善したと思われる。

このように、ペダルに関してだけでもさまざまな研究が行なわれているが、自転車に関する研究では、自転車と人体をひとつにしたシステムとして考えられることが多く、クランクの長さ、サドルの高さなどの自転車そのものに関するデータと、体の傾きや回転数など人体に関するデータをあわせて検討《けんとう》する（Yoshifuku & Herzog）。その結果、自転車のデザインにはまだ改善の余地があると考えられている。

自転車で速く走るには?

推進力の源

自転車はペダルの回転運動を車輪に伝えて推進する。

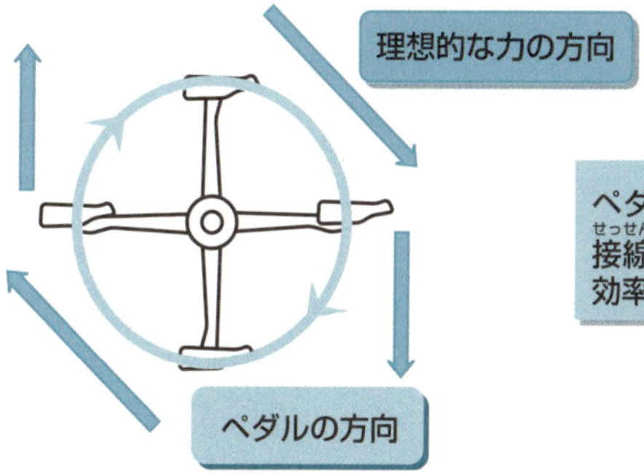

ペダルが回転する円弧《えんこ》の接線方向《せっせんほうこう》に力を伝えれば、効率よく走ることができる

- ペダルはこぐ(踏む)のではなく、回転させるという意識で自転車に乗ろう。

速く走る技術

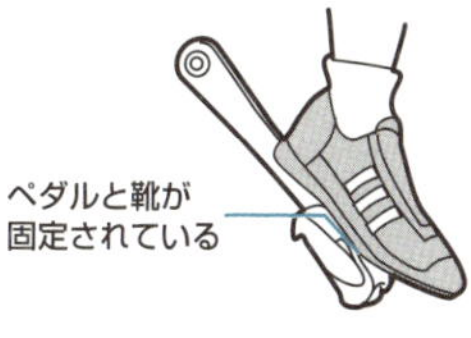

トゥー・クリップによってペダルと足を固定すると、足を引く力を効率的に利用できる。

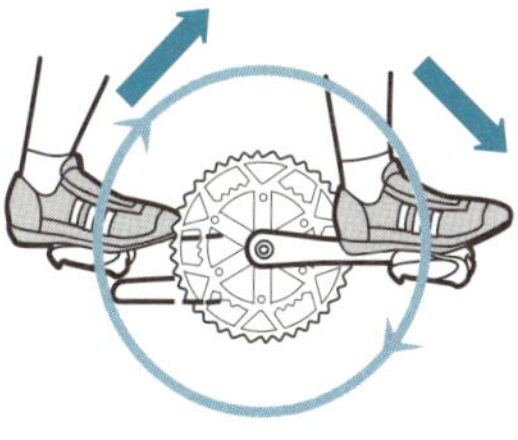

ペダルを下に降ろす力だけでなく、上へ引き上げる力も、ペダルを回転させることを意識する。

空気抵抗

空気抵抗とはなにか

あまり意識することはないが、地上では体は空気に囲まれている。一秒以下の時間やミリ単位の距離《きょり》で限界を競うスポーツ競技では、この空気の存在も大きな問題となる。それが空気抵抗《くうきていこう》だ。

私たちの体は、空気の成分である窒素《ちっそ》や酸素《さんそ》の分子《ぶんし》に囲まれている。仮にこれら窒素と酸素の分子がどこでも一定の数だけ存在するとして、このとき、図のように板が地上をまっすぐ進むことを考えてみよう。高速で移動するほど、1秒間に板にあたる分子の数は多くなり、分子が板に与える圧力《あつりょく》も増加する。一般には、移動する物体が空気から受ける圧力は、物体の移動速度《いどうそくど》の2乗と空気の流れに対する物体の断面積《だんめんせき》に比例する（速度が2倍になると、圧力は2^2=4倍になる）。これが空気抵抗とよばれる力だ。このとき、移動速度は、空気の流れる速度に対する移動速度（相対速度《そうたいそくど》）のことを指す。「追い風」では「向かい風」の時よりもボールがよく飛ぶのは、相対速度が低く、空気抵抗が小さいからだ。また、高地にある野球場ではボールがよく飛ぶのは、空気が薄いためボールに与える圧力が少なくなるからだ。

また、水中で移動する物体も空気抵抗と同様の圧力を、水から受けるが、水は空気よりも単位体積《たんいたいせき》あたりの質量《しつりょう》（密度《みつど》）が大きいので、同じ速度で移動する場合には地上よりも水中のほうがより大きな圧力、つまり抵抗を受けることになる。実際には、水の密度は空気のおよそ800倍にもなる。また水と空気では圧力の性質も異なり、水の中を移動中の物体が受ける抵抗は、水に対する相対速度の4乗に比例する。このため、水中で行なう競技では、水の抵抗は大きな問題になる。

同じ身体能力《しんたいのうりょく》なら、空気や水の抵抗が少ないほうがよい成果がだせるだろう。このため空気や水の抵抗を減らす研究がすすめられている。

空気抵抗のメカニズム

空気抵抗とは

私たちは空気の成分である窒素《ちっそ》・酸素《さんそ》などの分子に囲まれている。

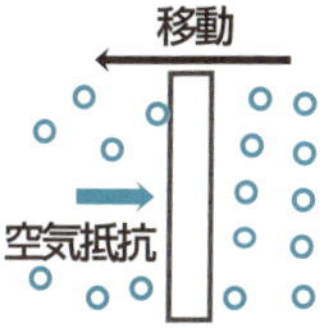

移動する物質には、分子がぶつかり、抵抗を受ける。
＝空気抵抗《くうきていこう》

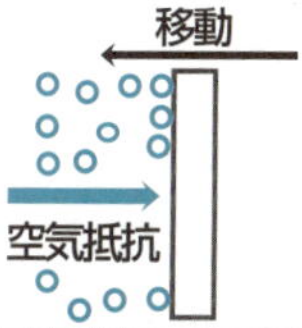

高速で移動する物質ほど、時間あたりにぶつかる分子の数が多くなる。
＝空気抵抗が大きい

移動する物体と空気抵抗の関係は、
物体の断面積
移動速度の二乗　に比例する
水の場合、移動速度の4乗に比例するので、抵抗も大きい。

向い風と追い風

●向かい風

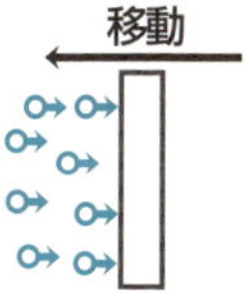

●追い風

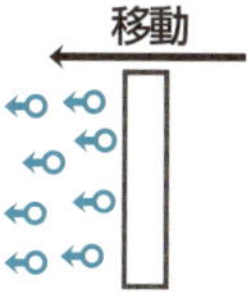

向い風では、時間あたりにぶつかる分子の数が増え、
追い風では少なくなる。
このため、追い風では、空気抵抗は少なくなる。

空気抵抗と闘う

空気抵抗を減らす技術

空気や水の抵抗《ていこう》を減らせば、よい競技成績が得られると考えられる。

図に示すように、粘性《ねんせい》の低い空気が球状《きゅうじょう》の物体に衝突《しょうとつ》した場合、その物体の後方で、物体の中心方向に向かうような流れを示すことがある。このような現象《げんしょう》を「気流《きりゅう》のはがれ」とよぶのだが、この現象によって、進行方向《しんこうほうこう》と反対側の物体後方では空気圧《くうきあつ》の低下が起こり、進行方向と反対向きに大きな抵抗を生じる。つまり移動する物体は空気によって、後ろ側にひっぱられることになる。このような抵抗を圧力《あつりょく》抵抗《ていこう》または形状抵抗《けいじょうていこう》と呼び、地上で高速移動するスポーツ活動では、記録達成の大きな障害になっていると考えられている。

そこで、たとえば自転車競技などでは、図にみられるようなヘルメットが採用されるようになってきた。現在採用されているヘルメットは、後方に大きくつきだした形状のものが多く、ヘルメット後方における空気のはがれによる抵抗をより少ないものにしている。

また、空気よりも抵抗の大きい水中では、抵抗を少なくするスイミングウェアの開発が進められている。シドニーオリンピックでは、ほぼ全身を覆うスイミングウェアを採用している選手がみられたが、これは、水中では人間の皮膚《ひふ》と水の間に生じる水抵抗《みずていこう》が大きいため、より抵抗の小さい素材《そざい》を使ったスイミングウェアにより、体全体が受ける抵抗を少なくしようとする試みである。シドニーオリンピックでは、イルカやマグロなどの水中を高速移動できる生物の皮膚構造《ひふこうぞう》を参考にして作られた、さめ肌《はだ》に似た素材で作られたスイミングウェアが話題になった。また、陸上の短距離競技《たんきょりきょうぎ》などでは、全身を覆うウェアを採用する選手がみられるようになってきたが、これもスイミングウェア同様、走行中の選手が空気から受ける抵抗を少なくするためだ。

空気抵抗とスポーツ

形状抵抗

空気が球状の物体と衝突した場合、物体の後方に物体の中心方向へ向かう空気の流れが起こる。

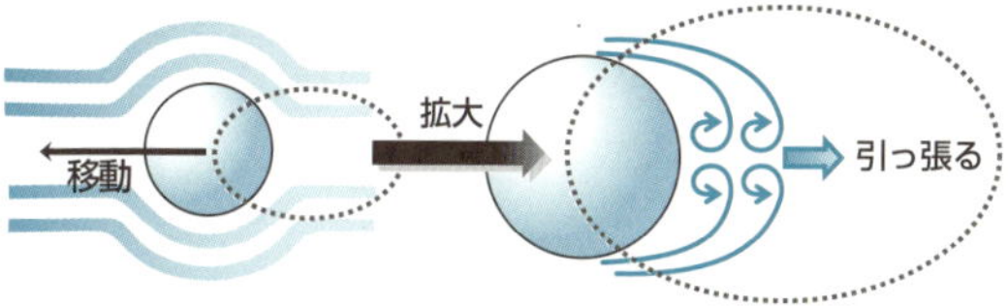

このような現象を「気流のはがれ」とよび、高速で移動するためには障害となる。

空気抵抗を減らす

空気や水の抵抗、気流のはがれを防ぐため、最新のスポーツウェアでは、様々な工夫が行なわれている。

●自転車のヘルメット

従来のヘルメット

現在のヘルメット

●水着の素材

従来の素材

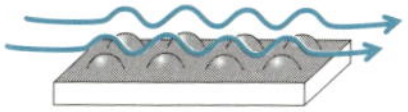

布地のでこぼこに水がぶつかる。

現在の素材

布地の表面をなめらかにしたり、溝をつくり水を流すことで、抵抗を減らす。

▶フットサル

フットサルは室外、室内で行なわれる５人制のミニサッカーである。サッカーが盛んな国を中心に世界中で行なわれ、スペインではプロリーグもある競技だ。

基本的なルールはサッカーと同じだが、ピッチは 20m × 40m と小さく、試合時間も 20 分ハーフで行なわれる。また、ショルダーチャージやスライディングタックルのような激しいプレーは禁止されており、オフサイドもない。

ピッチが小さくプレーする人数も少ないため、11 人制のサッカーとくらべてボールに触れる回数やパスを出す回数、シュートを打つ回数が多くなり、初心者でも楽しみやすい。また、スペースが小さくドリブルに頼ることができないので、チームプレーが重視される。

最近は各地に専用の競技場もできており、するスポーツとして人気が高まっている。

第7章

スポーツを楽しむ

スポーツは文化である

スポーツは特別なものではない

スポーツとは、「競争するもの」「鍛《きた》えるもの」といったイメージが強いかもしれない。しかし、スポーツという単語はもともとラテン語のdeportare「気を晴らす」「遊ぶ」という意味を持つ語句からできていて、テレビゲームをすることや映画を見ることなども、する人が楽しいと感じればすべて「スポーツ」であった。

現在ではスポーツといえば第1章で定義したように、「体を動かすことで楽しみを得ることが目的の活動」や「健康のために体を動かすこと」を指す。しかし、日本ではまだ「競争するもの」「鍛えるもの」というイメージが強い。

もちろんプロスポーツをはじめとする「戦うスポーツ」「勝つためのスポーツ」も楽しく、おもしろいものではある。しかし、スポーツを「健康のためのものであり、楽しむもの」ととらえることができれば、もっと楽しみの幅が広がるのではないだろうか。「年齢や性別と関係なく誰もが行なえる」ということこそがスポーツである。

また、健康とは身体的《しんたいてき》に病気ではないというだけではなく、心理的にもここちよく豊かな状態のことを言う。つまり、スポーツによって健康になるとは、人間の生活・人生が豊かになることであり、特別に行なうものではなく、生活に密着しているものなのである。スポーツをこのようにとらえる「スポーツ文化(Sports Culture)」という考え方は日本にも少しずつ入り込んではいるものの、まだ浸透していない。

これからのスポーツは、人間の生活を豊かに、そして楽しい暮らしをするために必要不可欠な文化的価値を持つ「習慣」になってくる。また、そういった生活ができなければ、世界と日本のスポーツのずれはどんどん広がってしまうだろう。

スポーツ文化

スポーツの語源

スポーツの語源はラテン語のdeportare(気晴らしする、楽しむ、遊ぶ)である。

紀元前5世紀	ラテン語	deportare
	古代フランス語	deporter desporte
14世紀	中世英語	disporte
16世紀		sport

その時代ごとの気晴らし、楽しみになる遊び(狩猟《しゅりょう》、賭博《とばく》など)を意味する言葉だった。
現在のように「体を動かす楽しみ」を指すようになったのは19世紀以降。

スポーツ文化

競争をすることだけがスポーツではない。スポーツとは、体と心を豊かにしてくれる楽しみである。

スポーツの体への効果

正しい知識を持とう

前項では、スポーツは健康のためのものでもある、とした。ではスポーツを行なうことで、身体的《しんたいてき》にはどのような効果があるのだろうか。

右の図が示すように、スポーツを頻繁《ひんぱん》に実行している人は、死亡率《しぼうりつ》が低いという結果が出ている。その理由の一つとしては、生活習慣病《せいかつしゅうかんびょう》に対する効果が上げられており、たとえば「糖尿病《とうにょうびょう》」では、スポーツを行なった後には血糖値《けっとうち》が下がるという結果が出ている。また「ガン」に関しても、運動によって免疫力《めんえきりょく》が高まり発生率《はっせいりつ》が下がっているし、「心臓病」についても明らかにスポーツをしている人のほうが死亡率は低い。また「肥満」に対して効果があることはいうまでもない。

また、運動をすることによって運動能力が高まり、転倒などケガをする機会が減るという効果もある。高齢者は足腰が弱まって転ぶことが多くなり、ケガなどをすると寝たきりになってしまうことがあるが、80歳を越えた高齢者《こうれいしゃ》でも運動をすれば運動機能は高まるから、普段から運動を行なっていればそうした事故の予防にもなる。

ただ注意しなければいけないのは、スポーツをすることが健康にいいと言っても、し過ぎ（オーバートレーニング）はいけない。健康のためのスポーツであっても、そのトレーニング量が適度でなかったり、正しいトレーニングの仕方ではなかったり、使う道具が合っていなければ、ケガやスポーツ障害（野球肘《やきゅうひじ》など、スポーツによって体の同じ部分を酷使することによって起こる症状）につながる。

スポーツの効果を充分に生かすには、体やスポーツに対する正しい知識を持っていることが大切だ。

健康への効果

スポーツと死亡率

スポーツを頻繁《ひんぱん》に行なっている人は、病気による死亡率《しぼうりつ》が低い。

●ある時点で異常がなかった1万人あたりの年間死亡率

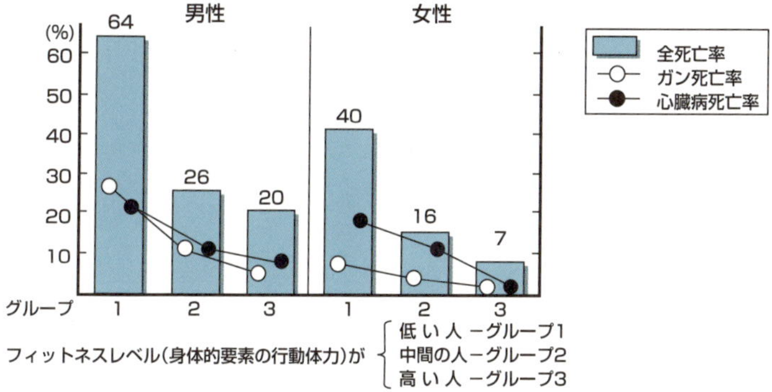

(アメリカクーパークリニックによる調査より作成)

高齢者とスポーツ

高齢者でもスポーツを行なえば、体力が増加する。

●平均年齢81.6歳の18名が12週間のレジスタンス・トレーニング(筋力トレーニング)を実施した

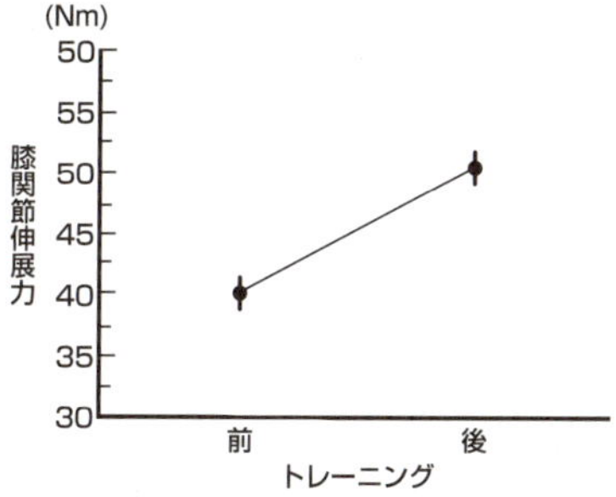

(三浦文夫編「図説高齢者白書2000」全国社会福祉協議会より作成)

スポーツの心への効果

スポーツは心にも効果がある

健康とは、体だけではなく、心理的にも安寧《あんねい》を保った状態のことである。そして、スポーツをすることは心理的な安寧にも効果がある。

右の図はエアロバイクを使った単純な運動を行なうことで、否定的(ネガティブ)な感情(「うろたえた」「心苦しい」「いやがった」「沈んだ」を5段階で評価してる)がどう変化するかを調査した結果である。図からわかるように、運動を行なうことで否定的な感情は減っている。

また性格という面でも、スポーツをよくしている人と、ほとんどしない人をくらべると、よくしている人ほど社交的で、おおらかさが出てきており、してない人のほうが神経質《しんけいしつ》であったり、劣等感《れっとうかん》を感じやすいという調査結果もある。ただし、もともと社交的な人がスポーツを好む可能性もあり、スポーツで性格が変化したとは断定できない。

スポーツによる心理面への短期的な影響の例としては、計算問題を20分間行なわせた後、①なわとびを9分間と休憩《きゅうけい》を5分した人②なわとびを13分間と休憩を1分した人③15分間休憩した人、の三種類でその後もう一度20分間の計算問題を行なったとき、どの人が一番ミスが少なかったかを調べたケースがある。それによれば、適度に運動を行ない休憩も取った①の人が一番ミスの数が減り、運動を行なったが休憩の短かった②の人のミスの数は初めとあまり変化しなかった。しかし、ただ休憩を取っただけの人は大幅にミスの数が増えていた。この結果から、適度な運動は短期的にでも良い効果があるといえる。

このようにスポーツをすることは、心理的な効果もある。気分転換をしたいとき、ちょっと落ち込んだときなどは、スポーツをすることが非常に有効であるといえるだろう。

心への効果

スポーツと感情

スポーツをすることによって否定的（ネガティブ）な感情は減少する。

●運動時における否定的感情の変化。

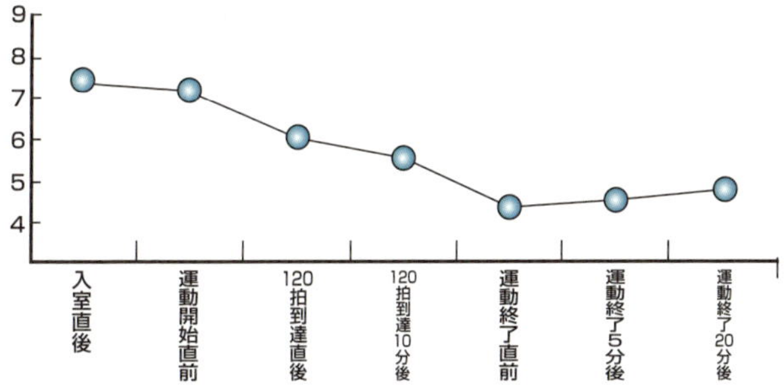

（荒井弘和「一過性運動がもたらす心理学的効果の検討」より作成）

スポーツは休養になる

スポーツをすることは、心理的な休養としての効果がある。

●計算問題を20分間行なった後、休んだ人となわとびした人が再度計算を行なった場合には…

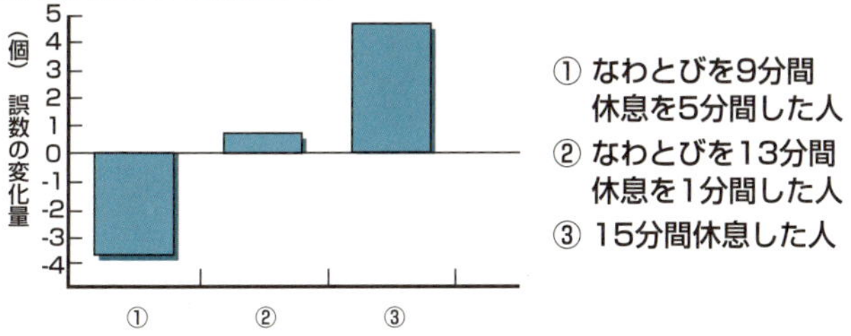

（山口幸夫「精神的休養としての運動スポーツ」J.J.Sports.Sci.,11(7)より作成）

スポーツをすることは、短時間でも心理的な効果がある。

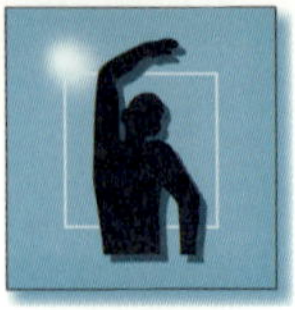

運動能力とトレーニング

才能がないとあきらめてはいけない

よく、スポーツをしていると「この競技には向いていない」「才能がない」という言葉を聞く。確かに、オリンピックに出るような選手とくらべて明らかに違うということもあるだろう。事実、筋繊《きんせん》維《い》には種類があって、その遺《い》伝的《でんてき》な比率によって競技の得意・不得意が最終的に出てくることは否定できない(42ページ)。

ならば、なぜトレーニングをするのだろうか？ 確かに遺伝的な要素ですぐれている部分、劣っている部分は存在するだろう。しかしそれはトレーニングをしたうえでの結果で、多くの場合何もトレーニングをしないよりも、した方が能力は上がる。

また、スポーツでよい結果を出すためには、一つのトレーニングをして一つの部分だけ鍛《きた》えればよいわけではないはずだ。たとえばサッカーという競技を考えても、長時間プレーしつづけるには持久性《じきゅうせい》トレーニングが必要だし、試合の合間に見られるダッシュのためには短《たん》距離的《きょりてき》な走りを向上させる必要もある。他人とのボールの争いで負けないためには、筋力《きんりょく》トレーニングもするべきだ。試合に緊張《きんちょう》しすぎないためにはメンタルトレーニング、もちろんのこと個々の動きを良くするスキルの練習も欠かせない。いつも最高のパフォーマンスを保つには、食事にだって気をつけなくてはいけないだろう。

このようにたとえ一種目といえども、非常にたくさんの種類のトレーニングを行なうことで、よい成果が出せる可能性があるのだ。オリンピック選手も人間である。はじめは才能がないと自分で思ったことだってあったかもしれない。今、「才能がない」と思ってあきらめてしまうのではなく、様々な分野でのトレーニングを試して欲しいものだ。

スポーツとトレーニング

スポーツと能力

例えばサッカーの場合、次のような能力が必要になる。

緊張せずに試合ができる心・意志

試合の状況を判断し、行動できる能力

ボールを扱うスキル

長時間活動できる持久力《じきゅうりょく》

素早く移動できる能力

ボール争いに負けない筋力・体格

など…

これらすべてに最初から秀でている人は少ない。

トレーニングの意味

●秀でた能力を伸ばす

●不得意な能力を向上させる

トレーニングによって様々な能力を伸ばすことによって、競技でよい成果が出せるようになる。

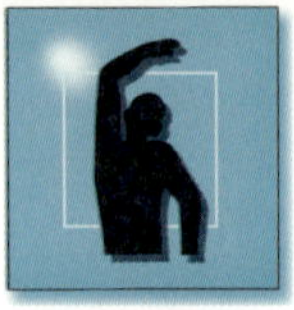

スポーツの前にすべきこと

スポーツのパフォーマンスをよりよくするために

スポーツを始める前には、まずウォーミングアップをする必要がある。ウォーミングアップとは、いわゆる補助運動《ほじょうんどう》、準備運動《じゅんびうんどう》であるが、これによってプレーへの準備状態がつくられるのだ。

ウォーミングアップは、いきなり運動をすることで起こってしまうケガやスポーツ障害（194ページ）を予防できる。また、プレーへ入ったときの動きがよくなるというメリットもある。ウォーミングアップによって体温が高まれば、体内の化学反応《かがくはんのう》がうながされエネルギーの発生がスムーズになり、筋収縮《きんしゅうしゅく》の効率《こうりつ》も高まるからだ。さらに、運動後の疲労を減らすのにもウォーミングアップは有効である。

ウォーミングアップを行なった時には、アップ開始10分後くらいから体温上昇がほぼ止まりはじめ、15分以上を過ぎると変化が無くなるので、この10分間という時間はウォームアップに必要な目安になる。しかし、競技の特性や自分の特徴、体調によって、アップの必要時間も異なるので、それらを考慮することも必要だ。たとえば、瞬《しゅん》発力《ぱつりょく》が必要な競技では、過度のウォーミングアップではかえって成果を落としてしまう。

ウォーミングアップの手順としては、①座ったままのストレッチ②ウォーキングや体操（痛みや張りのある部分などをチェックしながら）③本格的なストレッチ（②で気になった部分を重点的に）④ジョギング（全体にじわっと汗をかくくらい、ゆっくりめのジョギング。間で柔軟体操《じゅうなんたいそう》を行なう）⑤基本動作《きほんどうさ》の試し（何か不具合を感じなければ、本練習へ入る）、となっている。ただし途中で体を冷やしては意味が無いから、常に体を温めていくように意識しながら行なおう。

ウォーミングアップ

ウォーミングアップの効果

距離走	被験者	ウォーミングアップをしない場合	15～30分間のウォーミングアップをした場合
100走	A	12秒7	12秒2
	B	12秒7	12秒1
	C	12秒4	11秒9
400走	A	59秒2	56秒2
	B	57秒2	55秒4
	C	54秒0	52秒2
800走	A	2分19秒9	2分13秒2
	B	2分15秒1	2分11秒5
	C	2分07秒7	2分03秒1

（Asmussenらの研究による）

ウォーミングアップの手順

1 座ったままのストレッチ
（軽いスタティックストレッチ）

2 ウォーキングや体操

3 本格的なストレッチ
（より伸ばすことに集中したスタティックストレッチ）

4 ジョギング

5 基本動作の試し

スポーツの後にすべきこと

スポーツ後の疲れを残さないために

激しい運動中には、通常より体温が上昇し、心拍数《しんぱくすう》も増加している。このような状態から体を安静時《あんせいじ》の状態に戻していくのが「クーリングダウン」である。急に運動の強度《きょうど》を落とすと体がその急な変化に耐えられず、体調が悪くなることがあるが、徐々に強度を落としていくことでそれを防ぐことができる。また、体が疲れるということは「疲労《ひろう》物質《ぶっしつ》の蓄積《ちくせき》」「エネルギーの不足」「神経《しんけい》のはたらきの低下」ということだが、運動後に軽い運動を行なうことで疲労物質の除去《じょきょ》が促進《そくしん》されるので、疲労回復《ひろうかいふく》にも効果がある。また、ケガや障害の予防になる。

クーリングダウンの方法としては、①ジョギング②歩行③ストレッチ（ストレッチ中に軽いアイシングを行なう）、というのがよいといわれている。このクーリングダウンのためのアイシングは、ケガをしやすい部分や、そのときの練習でよく使った部分を軽く5分ほど冷やすもので、筋肉《きんにく》の温度をすばやく適切な温度に下げることで、エネルギーのむだづかいを防ぐことができる。また、運動によってできた筋《きん》繊維《せんい》の小さな傷による筋肉痛《きんにくつう》を軽くすることもできる。

また、クーリングダウンの中でジョギングなどを行なうことは、体に対する効果だけでなく、心理的にも効果がある。違う運動をすること（積極的休息法《せっきょくてききゅうそくほう》という）で、心理的にも快くスポーツを終えることができるのだ。

スポーツを行なうときには、練習や試合の最中のことばかりに目がいきがちだが、正しく終わらせることも大切だ。正しい終わらせ方を知ることで練習の効果もあがるし、心理的にも快くスポーツを終えることができる。

クーリングダウン

クーリングダウンの効果

激しい運動を突然やめると…

体が変化についていけず、
体調が悪くなる。

軽い運動を行ない、クーリングダウン
を行なう。

●クーリングダウンの効果

①体調が悪くなるのを防ぐ。
②疲労回復を早める。
③ケガ、スポーツ障害の予防。

クーリングダウンの手順

① 軽いジョギング

② 歩行

③ ストレッチとアイシング

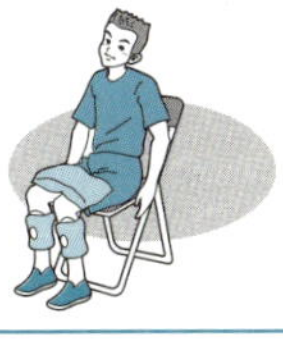

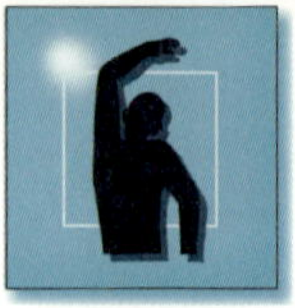

スポーツ トランスファー

スポーツで困ったときはどうする？

スポーツをしていくと、「転機《てんき》」というものがいくつも訪れる。そういった次のステップへの変わり目を「スポーツトランスファー（Sports Transfer）」と言う。

たとえば、ずっと部活をしていたのに受験勉強で引退しなくてはいけなくなったとき、完全に運動をしなくなるのではなく、心や体のためには簡単なジョギングぐらいはつづけたいものである。そんなとき、どうやって対処するだろうか？ 新しいチームに入ったとき、どうしても自分とは合わない監督や練習メニューを与えられたら、どうするだろう？ プロ選手が選手を引退した後、これまでと全く違ったことに挑戦するのか、そのスポーツのコーチになるのか、コーチになりたいとしたら何を学ぶべきなのか、誰が教えてくれるのだろうか？

様々なスポーツトランスファーと向き合いながら、うまくそれを乗り越えるには、自分で考えることはもちろん大切だが、良い助言をもらうことも大切である。たとえば受験での引退の場合、自分のペースに合ったスポーツのスケジュールを立て直す、ということが必要となってくる。また、自分と合わない監督がいるチームになってしまったら、自分がその監督やチームから何が得られるのか再度考え直し、それでも自分の中で価値が見出せない場合は、新しいクラブチームなどに移ることだって可能なのである。こういったことを助言してくれる人たちは、あなたの周りにはいるだろうか？ 友達でも、チームメイトでも、コーチでもいい。だがもしそれでもわからなかったとき、スポーツの専門家にぜひ相談してみることをお勧めする。スポーツトランスファーは、一人で悩むものではない重要な問題なのだ。

スポーツトランスファー

転機を乗り越える

スポーツをしていると様々な「転機」が訪れる。

●スポーツをやめなければいけない

- ●適度な運動を続ける
- ●スポーツの経験を生かした仕事をする

など

●新しいチーム監督、コーチにあわない

- ●現在のチームで得られることを考える
- ●チームを移る

など

自分で考えるばかりでなく、信頼できる人に相談することも必要である。

誰のためのスポーツ？

Sports for All

果たしてスポーツは誰のためのものだろうか？ 健康な人のためだけのもの？ 若い人だけのもの？ クラブチームに入っている人だけのもの？ いや、違う。

194ページで説明したように、高齢者《こうれいしゃ》でもスポーツをすることによって肉体的にも心理的にも効果が得られる。スポーツに年齢の壁は無いのだ。また、パラリンピックにみられるように、体や心に何らかの障害を持った人たちでも、スポーツを楽しみ、競い合うことが可能である。1984年からはオリンピックでも公開競技として、車椅子でのトラック競技が取り入れられ、障害者も健常者《けんじょうしゃ》もオリンピックという同じ舞台で競い合うことが可能になっており、この動きは今後ますます盛んになってくるかもしれない。さらに、最近では、妊娠女性《にんしんじょせい》の心身の健康のために、エアロビクスエキササイズを行なう「マタニティビクス」というものも出てきた。つまり、スポーツを行なうには年齢、障害の有無、男女差や地域差は関係無いのだ。

1975年に出された「ヨーロッパ・スポーツフォアオール憲章」では、「人は誰でもスポーツに参加する権利を持つ（第1条）」と宣言され、つづいて1978年ユネスコ総会での「体育・スポーツ国際憲章《こくさいけんしょう》」にも同じく「スポーツの権利」が宣言されている。この宣言はその後、日本をはじめたくさんの国々のスポーツに影響を与え、現在でもこれがスポーツの真実の姿であるといわれつづけている。日本でも文《もん》部《ぶ》科《か》学省《がくしょう》が「生涯《しょうがい》スポーツ」実現のための施策《しさく》を行なっている（10ページ）。

ただ、現実には高齢者や障害者のスポーツ参加率は非常に低い。そして、それらを支える指導者やスタッフの数も足りない。本当の「Sports for All」が実現するにはまだまだ努力が必要なのである。

Sports for All

スポーツはみんなのもの

スポーツは限られた人だけのものではない。

ユネスコ　体育・スポーツ国際憲章《こくさいけんしょう》

第一条

体育・スポーツの実践はすべての人に与えられた権利である。

文部科学省《もんぶかがくしょう》　スポーツ振興基本計画《しんこうきほんけいかく》

国民のだれもが、それぞれの体力や年齢、技術、興味、目的に応じて、いつでも、どこでも、いつまでもスポーツに親しむことができる生涯スポーツ社会の実現。

様々な人のためのスポーツ

●障害者のためのスポーツ

●高齢者のためのスポーツ

誰もがスポーツを楽しむためには、現在の環境ではまだまだ不備が多い。
「Sports for All」のためにはまだまだ努力が必要である。

スポーツの楽しみ方

スポーツには様々な楽しみ方がある

スポーツを楽しむというと、自分ですることが思い浮かぶが、スポーツの楽しみ方はそれだけではない。スポーツをする楽しみ、スポーツを観る楽しみ、スポーツを支える楽しみ、スポーツを学ぶ楽しみというものがあり、それぞれの楽しみ方があるのだ。

スポーツをする楽しみは、能力の向上を求め、勝つことを楽しみとする「競技スポーツ」と心身の楽しみを求める「健康スポーツ」に分けることができる。競技スポーツの楽しみも、強い選手が勝つことだけにあるのではない。それまでできなかったプレーができるようになる、以前より記録がよくなる、といった楽しみがあるのだ。

スポーツを観る楽しみは、テレビでのスポーツ観戦や、スタジアムに足を運んで観ることもできる。観る楽しみは、支える楽しみにもつながる。

スポーツを支える楽しみは、サッカーなどのサポーター、スポーツイベントのボランティア、コーチや監督などの指導者などだ。

スポーツを学ぶ楽しみは、スポーツに関する学問のことである。身近なところでは体育だが、それをもっと専門的にみるとスポーツ科学といわれる学問になる（20ページ）。スポーツ科学の関連分野はとても広いので自分の興味のある面、得意な面から学ぶこともできる。そしてスポーツ科学の充実は、競技スポーツや健康スポーツの成果をあげることにもつながるし、スポーツ文化を充実させることにもなる。

スポーツの楽しみは、する楽しみだけではない。それまでする楽しみを行なってきた選手が引退しても、支えることでスポーツを楽しむこともできる。また、スポーツをするのが苦手だと思う人でも、たくさんの楽しみ方があるのだ。

スポーツを楽しむ

スポーツには様々な楽しみ方がある。

する楽しみ

●競技スポーツ

●健康スポーツ

観る楽しみ

●スポーツ観戦

支える楽しみ

●スポーツイベントのスタッフ

●指導者

学ぶ楽しみ

●スポーツ科学

「スポーツを楽しむ」ことは、「スポーツをする」だけではない。
興味、能力によって様々な楽しみ方がある。

日本スポーツ界の問題点

誰が支える、誰がつなぐ？

　この章のはじめに書いたように、日本ではスポーツ文化が定着しているとはいいがたい。また、欧米ではごく常識であるスポーツの知識もあまり普及していない。

　日本のスポーツ界の問題点は、たくさん残されたままである。たとえば、環境面で言えばスポーツ施設《しせつ》の問題がある。現在、日本のスポーツ施設の多くは公共のものであるが、そのほとんどは学校のスポーツ施設だ。文部科学省《もんぶかがくしょう》は学校体育施設の開放をうながしているものの、その多くはすべて開放しているとはいえない。民間のスポーツ施設はその利用料が高く、誰もが簡単に利用できるとはいいがたいものが多い。また、単一種目しかできない施設が全国で90％以上を占めており、これに対して国は「もっと複合的な施設を作ろう！」といっているが、それでは対応が追いつかない。今すべきことは、今あるものをいかにうまく活かすかであるが、そのためには、現状の再把握《さいはあく》と情《じょう》報《ほう》の伝達をスムーズにし、利用者の導きをする機関が必要になる。

　利用者の導きをするという意味では、スポーツ科学も同様である。現在のところスポーツ科学を学ぼうとすると、本を探すか、大学生になるまで待つくらいしかない。だが、学びたい人に学びたいだけ資料やテキストの提供をする機関が必要なはずなのである。また、スポーツを行なう選手やその指導者層に、スポーツ科学の正しい知識を伝える道筋も必要だろう。

　現在は、スポーツをしている人とスポーツ科学者、企業や国などの施設、知識や情報など、スポーツ界のあらゆるものがつながっていない状態なのだ。真のスポーツ文化を実現するには、まずはこうした問題を解決することが必要だ。

日本の問題

日本では、スポーツに関する問題点が残されたままになっている。例えば…

スポーツ施設の問題

●体育・スポーツ施設設置数(平成8年)

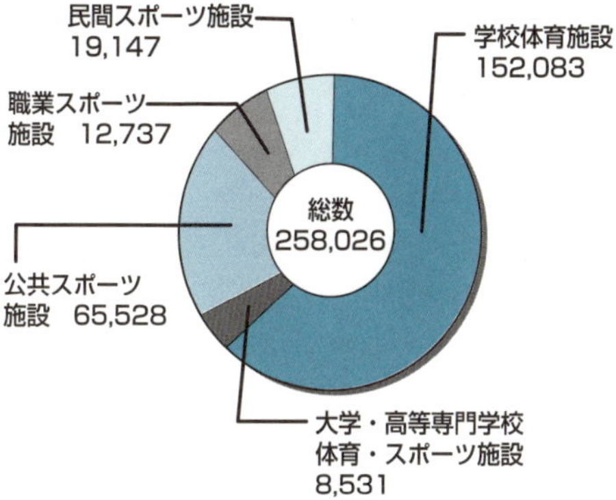

① 開放している施設数が少ない。

② 学校施設が中心のため、日常的には使えない。

③ 民間施設は料金が高いケースが多い。

(文部省「我が国の体育スポーツ施設」より作成)

その他にも…

●スポーツが学校中心に行なわれており、学生以外が参加できる環境が少ない(日本のフィットネスクラブ数は約2000軒。アメリカは9000軒近くである「2001年International Health Recquet & Sportsclub Association 調べ」)。

●選手や指導者でもスポーツ科学に関する知識が不足している。

●スポーツに関係する人々の意思疎通がとれていない

など

改善されつつあるが、「誰もが生涯を通じてスポーツを楽しめる環境」のためにはまだまだ問題が多い。

▶ タッチラグビー

タッチラグビーはスクラム、タックル、キックがないラグビーで、ラグビーの練習やウォーミングアップとして行なわれていたものが、独立した競技である。ワールドカップも４年に１度行なわれており、2003年の会場は日本だ。

25分ハーフ、１チーム14人で行なわれるが、競技場でプレーするのは７人。残りの７人は交代要員となるが、この交代は試合中いつでも何回でも行なってもよい。

タックルの代わりに行なわれるのが、タッチ（身体接触）だ。守備側はボールを持っているプレーヤーの体に最小限の力で触れ、「タッチ」とコールする。タッチされたプレーヤーは、その場でボールを両足の間から後ろへ転がして、ゲームを再開する。

ラグビーの特徴である激しいプレーがないため、体の大きさなどに関係なく楽しめるスポーツである。

Index

き

く・け

こ

参考文献

『スポーツとは何か』　玉木正之　講談社

『教養としてのスポーツ・身体運動』　東京大学身体運動科学研究室・編　東京大学出版会

『運動学習とパフォーマンス』　リチャード・Ａ・シュミット　調枝孝治・監訳　大修館書店

『シンプル生理学』　貴邑冨久子・根来英雄　南江堂

『スポーツ心理学ハンドブック』　上田雅夫・監修　実務教育出版

『図説・運動の仕組みと応用』　中野昭一・編著　医歯薬出版

『からだの構造と機能　日常生活行動を支える身体システム』　小坂橋喜久代・編著　学習研究社

『基礎運動学　第４版』　中村隆一・斎藤宏　医歯薬出版

『最新スポーツ大事典』　岸野雄三・編集代表　日本体育協会・監修　大修館書店

『スポーツ障害を防ぐ』　中原英臣　講談社

『運動生理学20講　第２版』　勝田茂・編著　朝倉書店

『図説・運動生化学入門』　伊藤朗・編著　医歯薬出版

『人体機能解剖学』　杉晴夫・編著　南江堂

『日本人体解剖学』　金子丑乃助原　南山堂

『関節トレーニング』　井原秀俊・中山彰一共著　共同医書出版社

『レジスタンストレーニング』　石井直方　山海堂

『筋と筋力の科学１　重力と戦う筋』　石井直方　山海堂

『筋と筋力の科学２　筋を鍛える』　石井直方　山海堂

『関節はふしぎ』　高橋長雄　講談社

『自分の骨のこと知っていますか』　桜木晃彦　講談社

『スポーツ・トレーニング理論』　村木征人　ブックハウスHD

『スポーツスピード養成SAQトレーニング』　日本ＳＡＱ協会・編　大修館書店

『スポーツ心理学Ｑ＆Ａ』　日本スポーツ心理学会・編　不昧堂出版

『マイスポーツ2001』　大修館書店

『スポーツ科学講座・８・スポーツとキネシオロジー』
宮畑虎彦　高木公三郎　小林一敏　大修館書店

『姿勢のふしぎ』　成瀬悟策　講談社

『ステップアップスポーツ　スポーツ科学バイブル』　高畑好秀・総監修　池田書店

『ベースボールの物理学』　Adair K. Robert　中村和幸・訳　紀伊国屋書店

『スポーツ科学講座２　スポーツと体力』　朝比奈一男ほか　大修館書店

『Contributions of upper limb segment rotations during the power serve in tennis』　Elliott B.ほか：Journal of Applied Biomechanics 11

『The role of upper limb segment rotations in the development of racket-head speed in the squash forehand』　Elliott B.ほか：Journal of Sports Sciences 14

『Three-dimensional kinematics of the throwing arm during the penalty throw in water polo』 Feltner M. and Nelson S.：Journal pf Applied Biomechanics 12

『スポーツ動作の隠し味』　石井喜八　ベースボール・マガジン社

『選択反応条件下におけるソフトテニス・フォアハンド・ストロークのキネマティクス的分析』　楠堀誠司ほか　バイオメカニクス研究 3(4)

『野球の投球動作におけるボール速度に対する体幹および投球腕の貢献度に関する３次元的研究』　宮西智久ほか　体育学研究 41

『スポーツスキルの科学』　宮下充正　大修館書店

『ボールゲームにおける状況判断研究のための基本概念の検討』　中川昭　体育学研究 28-4

『A three-dimensional cinematographic analysis of upperlimb movement during fastball and curveball baseball pitches』 Sakurai S.ほか：Journal of Applied Biomechanics 9

『「たくみ」の科学』　大築立志　朝倉書店

『投げる科学』　桜井伸二　高槻先歩　宮下充正・監修　大修館書店

『Timing an attacking forehand drives in table tennis』　Bootsma R. J. & Van Wieringen P. C. W.：Journal of Experimental Psychology：Human Perception and Performance 16-1

『Analysis of correlation between selected kinematic variables of the take-off and the length of the ski-jump』　Jost B.ほか：In proceedings of XVIII international symposium on biomechanics in sports.　：Y. Hong & D. P. Johns（Eds.）The Chinese University of Hong Kong

『The improvement of coincidence anticipation timing task with bat-swing』 Matsuo T., Kasai T., & Asami T：Journal of Human Movement Studies25

『Timing strategy of baseball-batting』 Matsuo T.& Kasai T.：Journal of Human Movement Studies 27

『Expert perception and decision making in baseball』　Paull G & Glencross

D.International：Journal of Sport Psychology28

『Mechanics of cycling』Pons D. J. & Vaughan C. L.:In Biomechanics of sport, C. L. Vaughan（Ed.）CRC Press Inc.

『A cinematographic and mechanical analysis of the external movements involved in hitting a baseball effectively』：Race D.E.：Research Qurterly32

『Choice batting reaction-time.』Slater-Hammel A. T. & Stumpner R. L.：Research Quarterly 22

『Forces applied to a bicycle during normal cycling』 SodenP. D. & Adeyefa B. A.：Journal of Biomechanics 12

『Ski-jumping-，alpine，cross-country-，and nordic-combination skiing』 Watanabe K ：In Biomechanics of sport，C. L. Vaughan（Ed.） CRC Press Inc.

『Optimal design parameters of the bicycle-rider system for maximal muscle power output.』 Yoshifuku Y. & Herzog W ：Journal of Biomechanics 23-10，

『Measurement of pedal loading in bicycling』 Davis R. R. & Hull M. L.Ⅱ. Analysis and results. ： Journal of Biomechanics 14-12

『打つ科学』 平野裕一・編著 大修館書店

『跳ぶ科学』 深代千之・編著 大修館書店

『走る科学』 小林寛道・編 大修館書店

『改訂 スポーツ・バイオメカニクス入門』 金子公宥 杏林書院

『シリーズ 絵で見るスポーツ17 陸上競技』 佐々木秀幸 岡野進 恩田実 ベースボール・マガジン社

『野球ピッチング』 林裕幸・監修 西東社

『ステップアップスポーツ ソフトボール』 三宅豊・著 倉俣徹・監修 池田書店

『スーパースターに学ぶサッカー』 長浜尚史・監修 ナツメ社

『スーパースターに学ぶバスケットボール』 中川恵・監修 ナツメ社

『なぜＶ字で飛ぶか』 小野学 小学館

『陸上競技』 一橋出版保健体育編集部・編 一橋出版

『スポーツ学のみかた。』 朝日新聞社

『保健体育指導選書 運動生理学』 朝比奈一男、中川功哉 大修館書店

『一過性運動がもたらす心理学的効果の検討』 荒井弘和 （２０００）

『臨床医のためのスポーツ医学３ 糖尿病のスポーツ医学』 池田義雄 朝倉書店

『臨床医のためのスポーツ医学１ 肥満のスポーツ医学』 小野三嗣 朝倉書店

『スポーツ知識・情報の普及に関する実態とインキュベーション組織の必要性』 河野理愛 （２０００）

『スポーツ白書』　SSF笹川スポーツ財団　SSF笹川スポーツ財団
『数字で見る高齢社会 2000』　総務省長官官房高齢社会対策室　大蔵省印刷局
『現代高等保健体育』　高石昌弘　宇土正彦　他13名　大修館書店
『スポーツ生活圏構想』　電通総研　厚有出版
『新版 健康と運動の科学』　徳永幹雄　大修館書店
『我が国の文教施策』　文部省・編　大蔵省印刷局
『スポーツ社会学ノート　現代スポーツ論』　丸山富雄・編　中央法規出版
『スポーツ社会学ノート 現代生活とスポーツ』　丸山富雄、日下裕弘、生沼芳弘　中央法規出版
『「スポーツ医学」のすすめⅠ Basic』　山崎元　慶應義塾出版会
『凍傷への注意、アイシングの方法、クーリングダウン時のアイシング』　山本利治　Sportsmedicine Quarterly No.21　ブックハウスHD
『ニュースポーツ百科[新訂版]』　清水良隆　紺野晃・編　大修館書店

執筆者紹介

第１章

難波　秀行（なんば　ひでゆき）

日本大学文理学部体育学科卒業。日本大学大学院理工学研究科修了。明治学院高等学校体育科非常勤講師を経て現在は日本光電㈱勤務。

2000～2002年スペシャルオリンピックス陸上コーチ。2001年明治学院大学女子ラクロス部トレーニングコーチ。

CSCS取得。

現役時代は十種競技選手。

第２章

河瀬　哲也（かわせ　てつや）

㈱スポーツプログラムスにてストレングスコーチとして勤務。同社を退社後、フリーのストレングスコーチ、パーソナルトレーナーとして活動。その他、スポーツクラブの社員研修講師や専門学校講師を担当する。

文部省認定スポーツプログラマー２級取得。

オールジャパンオープンパワーリフティング大会優勝（97年）日本記録樹立。

第３章

荒井　弘和（あらい　ひろかず）

早稲田大学大学院人間科学研究科健康科学専攻修士課程修了。早稲田大学大学院人間科学研究科健康科学専攻博士後期課程在学中。

公認スポーツプログラマー。SAQ協会認定インストラクター。認定心理士。

著書に「身体活動と行動医学」(共著)など。

第４章

野口　克彦（のぐち　かつひこ）

筑波大学大学院修士課程体育研究科修了。現在、ランニングクラブSMILEコンディショニングスペシャリスト、ASPO Inc.コンディションスペシャリストおよびパーソナルトレーナー、パーソナルコーチとして活動中。

(財)日本体育協会公認スポーツ指導者（スポーツプログラマー）。(財)日本ウエルネス協会認定ウエルネスリーダー。(財)日本ウエルネス協会認定ウエルネスプロフェッサー（第21期）。

第5章

板倉　康夫（いたくら　やすお）

神奈川歯科大学卒業。歯科医。

長野五輪スピードスケートショートトラック田村直哉選手、元日本代表陸上短距離伊藤喜剛選手、元ラグビー学生日本代表勝野大選手など、さまざまな種目の選手を指導。

スポーツ歯学会会員。臨床スポーツ医学会会員。スポーツインキュベーションシステム副理事。

第6章

楠堀　誠司（くすぼり　せいじ）

東京工業大学大学院社会理工学研究科博士後期過程修了(学術博士)。2001年～山梨大学教育人間科学部非常勤講師。2002年～電気通信大学非常勤講師。日本女子大学非常勤講師。

1997年～日本ソフトテニス連盟医科学研究班研究班員。

第7章

河野　理愛（かわの　りえ）

慶應義塾大学総合政策学部在学中。

徳島市立高等学校在学中、JFLサッカーチームヴォルティス徳島（当時）のサポート活動などを経て、NPO法人スポーツインキュベーションシステムを設立、代表理事を務める。

著者略歴

特定非営利活動法人
スポーツインキュベーションシステム

1999年頃よりインターネット上で集まったスポーツ関係者らによって企画され、2002年5月特定非営利活動法人（NPO法人）となる。
日本スポーツ界に存在する問題点への応急処置と解決を目指して、現在はスポーツと健康に関する相談・質問の受付と専門家へのマッチング、スポーツサポートに関する講習・勉強会の開催、選手サポートや企業への健康プロモーション活動を行なっている。
http://www.sports-inc.org/

編集協力 ――――（株）フカサワ企画
イラスト協力 ――TORACO

スポーツの科学

2003年10月10日発行

著　者　　スポーツインキュベーションシステム
©Sports Incubation System 2002

発行者　　田村正隆

発行所　　株式会社ナツメ社
東京都千代田区神田神保町1-52　加州ビル2F（〒101-0051）
電話 03（3291）1257（代表）／FAX 03（3291）5761
振替 00130-1-58661

制　作　　ナツメ出版企画株式会社
東京都千代田区神田神保町1-52　加州ビル3F（〒101-0051）
電話 03（3295）3921

印　刷　　東京書籍印刷株式会社

ISBN4-8163-3299-5　　Printed in Japan
〈定価はカバーに表示してあります〉
〈落丁・乱丁本はお取り替えします〉